LIBRO DE EJERCICIOS

PARA LA

Gramática inicial e intermedia del griego del Nuevo Testamento

Dr. Harold A. Kime

LIBRO DE EJERCICIOS PARA LA
Gramática inicial e intermedia del griego del Nuevo Testamento

Título original en inglés: WORKBOOK FOR A Beginning & Intermediate Grammar of New Testament Greek
Autor: Harold A. Kime

Traducido por la Fundación Hurtado
Traductor: Reynaldo Medina
Editor: Guillermo Mac Kenzie

"La Fundación Hurtado se dedica a la traducción de trabajos teológicos en español, posibilitado gracias a las donaciones generosas de sus socios y la gracia de Dios."

Publicado por
FUNDACIÓN HURTADO
4536 Longefellow Drive
Plano, TX. 75093

ISBN: 978-1-943840-14-4

Índice

Prefacio

Para usar este libro de ejercicios

Este libro debe usarlo juntamente con el libro de texto titulado «Gramática inicial e intermedia del griego del Nuevo Testamento». Los ejercicios le dan la posibilidad de hacer análisis morfológicos, escribir en griego, traducir oraciones sencillas, traducir oraciones del Nuevo Testamento y también historias más completas y extensas.

Los ejercicios de **análisis morfológico** contienen aproximadamente 20 palabras que deberá analizar. La mayoría de estas formas se encuentran en el Nuevo Testamento. A medida que va avanzando, descubrirá que las formas de las palabras que aprendió en las unidades anteriores a menudo se repiten. Esta repetición le ayudará a consolidar lo que ya aprendió y le permitirá diferenciar algunas formas que son muy semejantes.

Los ejercicios de **práctica de escribir en griego** incluyen 10 o más oraciones o frases en español que debe traducir al griego. Aunque el objetivo final del aprendizaje del griego del Nuevo Testamento es traducir del griego al español, la práctica de traducir del español al griego le resultará de gran utilidad porque le ayudará a entender mejor por qué y de qué manera se usan ciertas construcciones, y como resultado de ello, alcanzará un conocimiento más profundo de la morfología y la sintaxis de esta lengua, y eso, a la vez, mejorará su capacidad de aprender bien la morfología.

Los ejercicios relacionados con la **práctica de leer en griego** le ofrecen 10 o más oraciones simples concebidas para principiantes. Estas oraciones van de las más fáciles a las más difíciles. Rara vez incluyen algún vocabulario o formas que no hayan sido analizadas en la gramática hasta ese momento. Las oraciones a menudo contienen un material que ya había sido abordado en las unidades anteriores para ayudarle a recordar y a consolidar lo que ha aprendido.

Los ejercicios relacionados con la **práctica de leer el Nuevo Testamento** presentan 10 o más oraciones que se encuentran en el Nuevo Testamento. La traducción de los pasajes del Nuevo Testamento le estimulará en sus estudios. La inversión de tiempo que exige el aprendizaje del griego es grande. Por tanto, es crucial que vea algún retorno inmediato de su inversión.

Se han hecho algunas modificaciones en estas oraciones del Nuevo Testamento. Eliminé y reemplacé ciertas construcciones que todavía no está preparado para traducir, ocasionalmente acortando la longitud de la oración. Se ofrecen definiciones de las palabras y explicaciones de las formas que no conoce. Las referencias a la Escritura que encontrará también le permitirán cotejar inmediatamente su traducción con la que se encuentra en una buena versión literal en español.

Los ejercicios de **lectura de una historia** incluyen algunos relatos cortos en griego y algunas perícopas originales del evangelio. Estas historias constan por lo general de varios párrafos y tienen por objetivo familiarizarte con el contexto y la estructura literaria. Elaboré estas historias porque los ejercicios tradicionales de traducción incluyen solamente oraciones individuales, y estas no proporcionan todo el contexto que necesitamos para tomar decisiones sintácticas. Para ello necesita un contexto más completo. Para las primeras unidades tuve que inventar mis propias historias porque las que se encuentran en el Nuevo Testamento incluyen formas y vocabulario con los que el estudiante todavía no puede lidiar. No obstante, las formas y la sintaxis que se usan en estas historias reflejan las formas y la sintaxis reales del Nuevo Testamento. Las historias que aparecen en las unidades posteriores por lo general fueron tomadas del Nuevo Testamento. Yo suelo editar estos relatos neotestamentarios, y para ello, reemplazo las formas, la sintaxis y el vocabulario con los que todavía no esté familiarizado y sintetizo las historias más largas.

Le animo a que complete todos los ejercicios. Sin embargo, si decide completar solamente una parte de ellos, le recomiendo que elija algunos de los que se relacionan con los temas básicos y algunos de los más avanzados. Por ejemplo, si decide completar solo la mitad, sería mejor que eligiera todos los impares o todos los pares. Su aprendizaje se verá reforzado si incluye los ejercicios de traducción del español al griego y las historias. Podría completar sus ejercicios de lectura de una historia en colaboración con otros estudiantes. Ese es el método que empleo con mis alumnos de griego y puedo observar que su comprensión aumenta cuando trabajan juntos.

Más allá de este libro de ejercicios

El principal inconveniente que presenta el uso de un libro de ejercicios es que no puede obtener una evaluación inmediata para sus respuestas y no ve un número suficiente de ejemplos. Por esta razón, he reproducido gran parte de lo que aparece en este libro en los ejercicios computarizados creados para el programa de tarjetas didácticas Anki. Este programa es un entorno didáctico creado para el aprendizaje de los idiomas por medio de tarjetas de vocabulario, de frases, etc.

He confeccionado alrededor de 150 ejercicios específicamente para las unidades de la «Gramática inicial e intermedia del griego del Nuevo Testamento». Entre ellos hay ejercicios de vocabulario, ejercicios de análisis morfológico y de traducciones breves y más largas. En lugar de incluir de 10 a 15 elementos en cada ejercicio, he incluido de 20 a 30. Esos ejercicios le permiten obtener una evaluación inmediata, hacer un seguimiento de su progreso y darle la posibilidad de repetirlos con facilidad. Los ejercicios (en inglés) están disponibles a petición del interesado. Envíeme un correo electrónico a hkime@lbc.edu.

Las respuestas a los ejercicios (en inglés) también están disponibles para los que las soliciten. Envíeme un correo electrónico a hkime@lbc.edu para obtener acceso a dichas respuestas.

Prefacio a la versión en español

Al emprender la tarea de traducir un texto gramatical como *Gramática inicial e intermedia del Nuevo Testamento griego,* y su acompañante, *Libro de ejercicios para la Gramática inicial e intermedia del Nuevo Testamento griego,* de un lenguaje moderno diferente, el reto es permanecer fiel a los principios explorados y enseñados en la gramática, al mismo tiempo que se asegura de que las expresiones y ejemplos utilizados para explicar el griego y realizar sus ejercicios, sean relevantes para el estudiante utilizando el texto gramatical. Por lo tanto, para lograr esos objetivos, se adaptaron ciertas frases, ejemplos y explicaciones para la lengua y la cultura españolas.

Además, la base para el griego es Aland, Kurt, Barbara Aland, Johannes Karavidopoulos, Carlo M. Martini, y Bruce M. Metzger. *Novum Testamentum Graece*. Edición 28. Stuttgart: Deutsche Bibelgesellschaft, 2012. Este texto se conoce comúnmente como el texto Nestle-Aland, NA. La edición 26 fue publicada en 1979 y se conoce como la edición NA 26. Del mismo modo, NA 27 fue lanzado en 1993, y NA 28 fue publicado en 2012. Las palabras, frases, oraciones o pasajes griegos que están en griego son tomados del Nestle-Aland. Las traducciones del griego Koine (el griego del Nuevo Testamento) son las del autor, y se siguen fielmente en la traducción al español. En las secciones donde se recomiendan fuentes bibliográficas para estudiar el griego, se han agregado las que están disponibles en la lengua española.

Hay otros recursos adicionales que próximamente estarán disponibles en español. Institutos bíblicos y seminarios que deseen enseñar el curso de griego utilizando este material, y las herramientas informáticas para el docente, podrán consultar con la Fundación Hurtado (art.hurtado@fundacionhurtado.org).

Plano, Texas
Abril de 2020

Arthur D. Hurtado
Fundación Hurtado

Unidad 1. El alfabeto

Practique la escritura de las letras minúsculas griegas

Escriba cada letra a lo ancho de la página. Imite la proporción del ejemplo tanto como sea posible.

α	
β	
γ	
δ	
ε	
ζ	
η	
θ	
ι	
κ	
λ	
μ	

Practique la escritura de las letras minúsculas griegas

Escriba cada letra a lo ancho de la página. Imite el ejemplo tanto como sea posible.

ν	
ξ	
ο	
π	
ρ	
σ ς	
τ	
υ	
φ	
χ	
ψ	
ω	

Practique escribiendo y transliterando oraciones

Escriba cada oración según se indica. En el primer renglón, escriba exactamente de la manera en que aparece en griego en el primer renglón. Incluya los símbolos que corresponden a los espíritus, los acentos, las tildes diacríticas y los signos de puntuación. Intente pronunciar cada palabra mientras la escribe.

En el segundo renglón, escriba la oración transliterada con las letras del abecedario en español. No se preocupe por los espíritus, acentos y tildes. Para ayudarle con la transliteración de los sonidos de las letras griegas puede consultar el alfabeto griego con la guía de pronunciación que se incluye como referencia al comienzo de este libro de ejercicios.

Ejemplo: Ἐν ἀρχῇ ἦν ὁ λόγος.
En griego: Ἐν ἀρχῇ ἦν ὁ λόγος.
Transliterado: En arjē ēn ho logos.
οὗτος ἦν ἐν ἀρχῇ πρὸς τὸν θεόν.
καὶ ἡ ζωὴ ἦν τὸ φῶς.
ἵνα πάντες πιστεύσωσιν δι᾽ αὐτοῦ.
ἔδωκεν αὐτοῖς ἐξουσίαν.
ὁ νόμος διὰ Μωϋσέως ἐδόθη,
καθὼς εἶπεν Ἠσαΐας ὁ προφήτης.

ταῦτα ἐν Βηθανίᾳ ἐγένετο.

Ἀνδρέας ὁ ἀδελφὸς Σίμωνος Πέτρου

ῥαββί, σὺ εἶ ὁ υἱὸς τοῦ θεοῦ.

Ὡς δὲ ἦν ἐν τοῖς Ἱεροσολύμοις

Unidad 2. Presente de indicativo activo

Análisis morfológico

Realice el análisis morfológico de los siguientes verbos y tradúzcalos.

	Tiempo	Voz	Modo	Persona	Número	Lema	Traducción
ἀκούει	Presente	Activo	Indicativo				
βλέπετε							
βαπτίζουσιν							
πιστεύεις							
πιστεύομεν							
λέγουσιν							
σῴζω							
γινώσκει							
γράφει							
γινώσκομεν							

Practique escribir en griego

Traduzca al griego las siguientes oraciones en español. Utilice la puntuación correcta para las preguntas.

1.	Nosotros estamos escribiendo.	
2.	Tú estás bautizando.	
3.	¿Creen ellos?	
4.	Yo sé.	
5.	Ustedes están hablando.	

6.	Ella cree.[1]	
7.	¿Ve él?	
8.	Estamos salvando y bautizando.	
9.	Ellos no creen.	
10.	Estoy escribiendo y ustedes están creyendo.	

Practique leer oraciones en griego con sujeto

Traduzca cada una de las siguientes oraciones. Los sustantivos que se incluyen son los sujetos. El sujeto en griego puede aparecer antes o después del verbo. Las palabras ὁ, ἡ, y τὸ son artículos singulares y οἱ, αἱ y τὰ son plurales. Los artículos deben traducirse como «el», «la», «lo», «los» y «las». Aunque las desinencias de los sustantivos tal vez sean ligeramente diferentes de las que aprendiste, debes ser capaz de reconocer los sustantivos. Si la desinencia es diferente, el sustantivo es plural. Si no aparece un sujeto expreso, incluya el pronombre que corresponda a la forma verbal. Verifique la puntuación para determinar si la oración es una afirmación o una pregunta.

11.	ἀκούει ὁ ἀπόστολος.
12.	ὁ Πέτρος[2] οὐ γράφει;
13.	βλέπετε;
14.	τὰ δαιμόνια βαπτίζουσιν.
15.	πιστεύομεν ὅτι[3] γινώσκομεν.

[1] Se usa la misma forma griega para los tres géneros. Por tanto, su traducción no será específica.

[2] Los nombres propios suelen estar modificados por artículos. En esos casos, el artículo no se traduce al español.

[3] Recuerde que ὅτι puede significar «que» o «porque». ¿Cuál de esos significados tiene más sentido aquí?

16.	οὐ γράφεις ὅτι[4] οὐ πιστεύεις.
17.	ὁ θεὸς γινώσκει.
18.	σῴζω καὶ βαπτίζετε.
19.	λέγουσιν οἱ προφῆται καὶ πιστεύομεν.
20.	ὁ Ἰησοῦς γράφει καὶ οἱ προφῆται[5].

Practique leer oraciones en griego con complemento directo

Traduzca cada una de las siguientes oraciones. Los sustantivos que se incluyen son complementos directos. Aunque observe algunas desinencias ligeramente diferentes de las que aprendió, debe ser capaz de reconocer los sustantivos. El complemento directo en griego puede aparecer antes o después del verbo. Las palabras τὸν, τὴν y τὸ son artículos y deben traducirse al español como «el», «la» y «lo». Si no aparece un sujeto expreso, incluya el pronombre que corresponda a la forma verbal. Verifique la puntuación para determinar si la oración es una afirmación o una pregunta.

21.	ἀκούεις τὸν ἀπόστολον.
22.	τὸ εὐαγγέλιον γινώσκει.
23.	βλέπετε τὸν προφήτην;

[4] Recuerde que ὅτι puede significar «que» o «porque». ¿Cuál de esos significados tiene más sentido aquí?

[5] En español cabe esperar una forma verbal plural pero en griego cuando un sujeto compuesto sigue al verbo, este concuerda con el primer sustantivo.

24.	τὸν Πέτρον βαπτίζουσιν.
25.	πιστεύομεν τὸν Ἰησοῦν.
26.	γινώσκουσιν τὸν λόγον.
27.	τὸ βιβλίον γράφεις;
28.	σῴζω καὶ βαπτίζω τὸ δαιμόνιον.
29.	λέγει ὅτι τὸ εὐαγγέλιον οὐ πιστεύετε.
30.	ἔχω τὸν βιβλίον.

Practique leer oraciones equiparativas en griego con εἰμί

Traduzca cada una de las siguientes oraciones. Los sustantivos que se incluyen son el sujeto o el predicado nominal. El sujeto en español es el sustantivo que suele preceder al verbo y el predicado nominal es el sustantivo que sigue al verbo. El orden de las palabras en griego no se usa para diferenciar el sujeto del predicado nominal. Por lo general, el sujeto es un sustantivo con un artículo o está incorporado en el verbo. Las palabras ὁ, ἡ, y τὸ son artículos en singular y οἱ, αἱ y τὰ en plural. Los artículos deben traducirse como «el», «la», «lo», «los» y «las». Si un sustantivo carece de artículo en griego, tal vez necesite incluir un artículo indefinido en su traducción. Aunque las desinencias de los sustantivos sean ligeramente diferentes de las que aprendió, debe ser capaz de reconocer los sustantivos. Si la desinencia es diferente, el sustantivo es plural. Si no aparece un sujeto expreso, incluya el pronombre que corresponda a la forma verbal. Verifique la puntuación para determinar si la oración es una afirmación o una pregunta.

31.	ὁ Ἰησοῦς ἐστιν θεός.
32.	ἐσμὲν προφῆται.

33.	βιβλία εἰσὶν τὰ εὐαγγέλια.
34.	ἐστὶν τὸ σάββατον.
35.	ἐστὲ δαιμόνια.
36.	ὁ Πέτρος ἀπόστολός ἐστίν;
37.	ὁ Ἰησοῦς καί ὁ Πέτρος οὐκ εἰσὶν προφῆται.
38.	ὁ θεός εἰμὶ καὶ ἐστὲ δαιμόνια.
39.	οὐκ ἐσμὲν ἀπόστολοι;
40.	εἶ καὶ[6] προφήτης καὶ ἀπόστολος.

[6] La construcción καί…καί se traduce como «tanto… como».

Practique leer una historia

Haga una traducción de la historia siguiente al español que sea fluida pero literal. Observe las notas adicionales que le ayudarán en su tarea.

ΠΙΣΤΕΥΟΜΕΝ

Γινώσκω τὸν θεὸν[1] ὅτι σῴζει με[2]. οὐ γινώσκετε τὸν θεὸν[1] ὅτι οὐκ ἀκούετε αὐτὸν[3]. οἱ ἀποστολοι αὐτοῦ[4] γράφουσιν τοὺς λόγους[5] οὓς[6] λέγει καὶ βαπτίζουσιν ἡμᾶς[7]. βλέπομεν καὶ πιστεύομεν ὅτι οὐκ ἔχομεν ἁμαρτίαν[8]. ἐσμὲν οἱ προφῆται αὐτοῦ[9]. λέγομεν ὅτι Ἰησοῦς ἐστὶν ὁ[10] Χρίστος. οὐκ εἶ ὁ προφήτης αὐτοῦ[11] ὅτι οὐ πιστεύεις.

Notas

[1] τὸν θεὸν	Dios (complemento directo) - el artículo no se traduce.
[2] με	me / a mí (complemento directo)
[3] αὐτὸν	lo / a él (complemento directo)
[4] οἱ ἀποστολοι αὐτοῦ	sus apóstoles (sujeto) - el artículo no se traduce.
[5] τοὺς λόγους	las palabras (complemento directo)
[6] οὓς	que, cual
[7] ἡμᾶς	nosotros, nos (complemento directo)
[8] ἁμαρτίαν	(complemento directo)
[9] οἱ προφῆται αὐτοῦ.	sus profetas - el artículo no se traduce.
[10] ὁ	el
[11] ὁ προφήτης αὐτοῦ	su profeta - el artículo no se traduce

Mi traducción

Unidad 3. Sustantivos de 1ra declinación

Análisis morfológico

Analice las siguientes formas nominales. Incluya todas las opciones posibles.

	Caso	Número	Género	Lema
ἁμαρτίαι				
προφήτην				
ἀληθείᾳ				
θαλάσσης				
γῇ				
γραφαῖς				
ἐκκλησίας				
εἰρήνη				
ζωή				
ἡμερῶν				
βασιλείας				
δόξαν				
βασιλείαν				
προφήτης				
μαθηταὶ				
ἡμέρας				
γραφαῖς				
Ἰωάννην				
δόξης				
μαθηταῖς				
Ἰωάννου				

Practique escribir en griego

Traduzca al griego las siguientes oraciones en español usando solamente sustantivos y verbos griegos. Emplee las desinencias correctas para los sustantivos y los verbos y la puntuación adecuada para las preguntas. No se preocupe por los artículos ni el orden de las palabras.

1.	Conozco la vida.
2.	Juan tiene paz.
3.	Estamos salvando discípulos.
4.	¿Ve él a Juan?
5.	Estamos escribiendo escrituras a un discípulo.
6.	Tú estás bautizando profetas.
7.	Ustedes están hablando a una iglesia.
8.	Los profetas de paz no creen a los discípulos del pecado.
9.	¿Creen los demonios a los discípulos de Juan?
10.	Los discípulos conocen días de vida y de gloria.

Practique leer oraciones en griego

Traduzca cada una de las siguientes oraciones. La función del sustantivo en griego se identifica por la desinencia del caso y no por el orden de las palabras. Tal vez tenga que cambiar el orden de las palabras en la oración para que coincida con el orden habitual en español. Encontrará artículos con muchos sustantivos. Traduzca los artículos como «el», «la», «lo», «los» y «las» a menos que precedan a un sustantivo propio en cuyo caso no se traducen. Tendrá que añadir un artículo indefinido para los sustantivos en singular que no estén precedidos por un artículo. Si no aparece un sujeto expreso, incluya el pronombre que corresponda a la forma verbal. Verifique la puntuación para determinar si la oración es una afirmación o una pregunta.

11.	εἰρήνην καὶ ζωὴν γινώσκουσιν αἱ ἐκκλησίαι.
12.	βαπτίζομεν τοὺς μαθητὰς τῆς βασιλείας.
13.	τὰς γραφὰς τῶν προφητῶν πιστεύετε;
14.	ἔχουσιν αἱ ἐκκλησίαι τῆς βασιλείας εἰρήνην καὶ δόξαν.
15.	πιστεύω ὅτι ἡ βασιλεία τῆς εἰρήνης βασιλεία τῆς ζωῆς ἐστὶν.
16.	γράφετε τοῖς μαθηταῖς καὶ λέγετε ὅτι οὐ γινώσκουσιν ζωήν.
17.	τὰς ἁμαρτίας τῶν ἐκκλησιῶν βλέπουσιν οἱ προφῆται;
18.	προφῆται τῆς ἡμέρας ἐσμὲν καὶ σώζομεν τὴν ἐκκλησίαν τῆς θαλάσσης.
19.	ὁ μαθητὴς τοῦ Ἰωάννου λέγει ὅτι βλέπουσιν οἱ προφῆται τὴν βασιλείαν ἀλήθειας.

20.	ὁ Ἰωάννης λέγει τοῖς προφήταις, ού δέ[7] άκούουσιν τῆς άλήθειας[8].

Practique leer el Nuevo Testamento

Las siguientes oraciones están tomadas de los versículos que se indican. Hemos realizado algunas modificaciones. Intente traducir las oraciones sin mirar los pasajes. Luego, verifique su traducción consultando una versión literal como la Biblia de las Américas.

21.	ὁ προφήτης εἶ σύ; (Jn 1:21)	σύ = «tú» como sujeto
22.	βλέπει τὸν Ἰησοῦν καὶ λέγει· ἴδε ὁ ἀμνὸς τοῦ θεοῦ. (Jn 1:29)	ἴδε = he aquí ὁ ἀμνὸς = el cordero τοῦ θεοῦ, genitivo singular de θεος
23.	ἐκλήθη ὁ Ἰησοῦς καὶ οἱ μαθηταὶ αύτοῦ είς τὸν γάμον. (Jn 2:2)	ἐκλήθη = fue invitado αύτοῦ = su είς = a γάμον = boda.
24.	Ἰωάννης μεμαρτύρηκεν τῇ ἀληθείᾳ. (Jn 5:33)	μεμαρτύρηκεν = ha dado testimonio
25.	ἀπῆλθεν ὁ Ἰησοῦς πέραν τῆς θαλάσσης τῆς Γαλιλαίας. (Jn 6:1)	ἀπῆλθεν = fue πέραν = al otro lado Γαλιλαία = Galilea

[7] δέ es pospositiva, es decir, es la segunda o la tercera palabra en la cláusula.

[8] El complemento directo de ἀκουω normalmente aparece en caso genitivo. En esos casos, no incluya la preposición «de» en su traducción.

26.	ἐγώ εἰμι ὁ ἄρτος τῆς ζωῆς. (Jn 6:35)	ἐγώ εἰμι = yo soy ὁ ἄρτος = el pan
27.	γνώσεσθε τὴν ἀλήθειαν, καὶ ἡ ἀλήθεια ἐλευθερώσει ὑμᾶς. (Jn 8:32)	γνώσεσθε = ustedes conocerán ἐλευθερώσει = libertará ὑμᾶς = ustedes como complemento directo
28.	τοῦ Μωϋσέως ἐσμὲν μαθηταί. (Jn 9:28)	τοῦ Μωϋσέως = de Moisés
29.	ἐγώ εἰμι ἡ ὁδὸς καὶ ἡ ἀλήθεια καὶ ἡ ζωή. (Jn 14:6)	ἐγώ εἰμι = yo soy ἡ = el / la ὁδὸς, ἡ = camino
30.	ζητεῖτε δὲ πρῶτον τὴν βασιλείαν τοῦ θεοῦ. (Mt 6:33)	ζητεῖτε = Busquen πρῶτον = primero τοῦ θεοῦ, genitivo singular de θεος

Practique leer una historia

Traduzca la siguiente historia. Lea las notas que aparecen al final de la página para obtener ayuda adicional.

῾Η ΒΑΣΙΛΕΙΑ ΤΟΥ ΘΕΟΥ

ἡ[1] βασιλεία τοῦ θεοῦ[2] ποῦ[3] ἐστίν; οὐκ ἔστιν ἐπὶ[4] τῆς γῆς, οὐδὲ[5] ἔστιν ὑπὸ[6] τὴν θάλασσαν. πιστεύομεν ὅτι ἡ βασιλεία τοῦ θεοῦ ἐστὶν ζωὴ καὶ εἰρήνη. ὁ Ἰησοῦς ἀπέστειλεν[7] τὰς προφήτας κηρύξαι[8] τὴν βασιλείαν τοῦ θεοῦ ταῖς ἐκκλησίαις. λέγουσιν ταῖς ἐκκλησίαις ὅτι ζωὴ ἐστὶν ὁ Ἰησοῦς Χριστὸς καὶ ὅτι γινώσκουσιν οἵ μαθηταὶ αὐτοῦ[9] τὴν εἰρήνην. γινώσκομεν ὅτι ἀληθινάι[10] εἰσίν αἱ γραφαὶ τῶν προφήτων. πιστεύετε τὰς προφήτας; γινώσκω ὅτι πιστεύετε ὅτι βαπτίζουσιν αἵ μαθηταὶ τοῦ Ἰησοῦ[11] ὑμᾶς. ὁ Ἰησοῦς σῴζει ὑμᾶς[12] καί τῇ ἡμέρᾳ[13] τῆς δόξης γνώσεσθε[14] τὴν είρήνην αύτοῦ ὅτι βλέψετε[15] ζωήν. ποῦ οὖν[16] έστὶν ἡ βασιλεία τοῦ θεοῦ; έν[17] ὑμῖν[18] έστίν.

Notas

[1] ἡ, ὁ, τὴν	Las palabras cortas que comienzan con τ o con un espíritu áspero son artículos y pueden traducirse como «el», «la», «lo».
[2] τοῦ θεοῦ	«de Dios» - el artículo no se traduce
[3] ποῦ	«¿Dónde?»
[4] έπὶ	«sobre»: una preposición que adopta su complemento en el caso genitivo
[5] ούδὲ	«ni»
[6] ὑπὸ	«bajo, debajo»: una preposición que adopta su complemento en el caso acusativo
[7] άπέστειλεν	«envió»: 3ra persona singular (él, ella)
[8] κηρύξαι	«predicar»: un infinitivo
[9] αύτοῦ	«su»: el sustantivo que modifica suele tener un artículo que no se traduce al español
[10] άληθινάι	«verdadero»: los adjetivos concuerdan con el sustantivo que modifican en género, número y caso
[11] Ἰησοῦ	Genitivo singular de Ἰησοῦς
[12] ὑμᾶς	«ustedes» en acusativo plural
[13] τῃ ἡμέρᾳ	Este es un dativo de tiempo y se traduce con la preposición «en».
[14] γνώσεσθε	«conocerán»
[15] βλεψετε	«verán»
[16] οὖν	«por tanto»: esta conjunción, al igual que δε, es pospositiva
[17] έν	«en»: una preposición que adopta su complemento en el caso dativo
[18] ὑμῖν	«ustedes» en dativo plural

Mi traducción

Unidad 4. Sustantivos de 2da declinación

Análisis morfológico

Analice las siguientes formas nominales. Incluya todas las opciones posibles.

	Caso	Número	Género	Lema
κόσμον				
ὁδοῦ				
νόμους				
ἀπόστολος				
ἔργα				
οἴκῳ				
τόπος				
κυρίου				
υἱοί				
δαιμόνιον				
ἀνθρώποις				
οὐρανῶν				
σαββάτῳ				
κύριος				
Ἰησοῦ				
δαιμόνια				
τόπους				
ἄγγελον				
ἀνθρώπους				
βιβλίον				
δαιμονίων				

Practique escribir en griego

Traduzca al griego las siguientes oraciones en español usando solamente sustantivos y verbos griegos. Emplee las desinencias correctas para los sustantivos y los verbos y la puntuación adecuada para las preguntas. No se preocupe por el orden de las palabras o los artículos.

1.	Los apóstoles conocen una ley.
2.	No vemos mensajeros.
3.	El hombre está escribiendo una palabra *del* Señor.
4.	¿Creen los demonios en un evangelio?
5.	Estamos hablando palabras de vida.
6.	Estoy oyendo un evangelio de paz.
7.	Ustedes están salvando demonios.
8.	El día de reposo no es un día de trabajo.
9.	¿Conoces a Dios?
10.	El Señor de gloria está escribiendo un libro.

Practique leer oraciones en griego

Traduzca cada una de las siguientes oraciones. La función del sustantivo en griego se identifica por la desinencia del caso y no por el orden de las palabras. Tal vez tenga que cambiar el orden de las palabras en la oración para que coincida con el orden habitual en español. Encontrará artículos con muchos sustantivos. Traduzca los artículos como «el», «la», «lo», «los» y «las» a menos que precedan a un sustantivo propio en cuyo caso no se traducen. Si un sustantivo carece de artículo, tendrá que añadir un artículo indefinido. Si no aparece un sujeto expreso, incluya el pronombre que corresponda a la forma verbal. Verifique la puntuación para determinar si la oración es una afirmación o una pregunta.

11.	τὸ εὐαγγέλιον ἐστιν ὁ λόγος τοῦ κυρίου.
12.	λέγουσιν οἵ ἄγγελοι τοῦ θεοῦ τοῖς υἱοῖς τῶν προφήτων.
13.	τῶν λόγων τοῦ Ἰησοῦ ὁ Πέτρος ἄκουει[9].
14.	οὐδέ γινώσκω τοὺς νόμους τοῦ ἀποστόλου.
15.	το εὐαγγέλιον τῆς ἀλήθειας πιστεύετε;
16.	ὁ υἱὸς οὐκ ἔχει ἁμαρτίας ὅτι τὸν θεὸν γίνωσκει.
17.	οὐ γίνωσκει ὁ κόσμος τὸν υἱὸν τοῦ θεοῦ, πιστεύεις δὲ τῷ κυρίῳ.

[9] ἀκούω suele adoptar su complemento directo en el caso genitivo.

18.	ὁ Ἰησοῦς Χριστὸς ἐστιν ἡ ὁδὸς τῆς ζωῆς ὅτι κύριος δόξης ἐστίν.
19.	τὸν νόμον καὶ τὰς προφήτας πιστεύομεν ὅτι γράφουσιν τοὺς λόγους τῆς ζωῆς ἀδελφῷ.
20.	τῷ υἱῷ τοῦ ἀνθρώπου οἵ ἀπόστολοι νόμου καὶ ἔργων γράφουσιν βιβλίον.

Practique leer oraciones del Nuevo Testamento

Las siguientes oraciones están tomadas de los versículos que se indican. Hemos realizado algunas modificaciones. Intente traducir las oraciones sin mirar los pasajes. Luego, verifique su traducción consultando una versión literal como la Biblia de las Américas.

21.	ὁ ἄγγελος εἶπεν αὐτῷ· ἐγώ είμι Γαβριὴλ. (Lc 1:19)	εἶπεν = dijo αὐτῳ = a él (dat. sing.) Γαβριὴλ = Gabriel
22.	ὁ υἱὸς τοῦ ἀνθρώπου ἐξουσίαν ἔχει. (Lc 5:24)	ἐξουσία = autoridad (1ra decl.)
23.	κύριός ἐστιν τοῦ σαββάτου ὁ υἱὸς τοῦ ἀνθρώπου. (Lc 6:5)	Ayuda: τοῦ σαββάτου está modificando a κύριός
24.	ὁ σπόρος ἐστὶν ὁ λόγος τοῦ θεοῦ. (Lc 8:11)	σπόρος, -ου, ὁ = simiente

25.	τῷ σαββάτῳ ἐθεράπευσεν ὁ Ἰησοῦς. (Lc 13:14)	σαββάτῳ (el dativo es temporal y se traduce añadiendo «en») ἐθεράπευσεν = sanó (3ra persona singular)
26.	ὁ δὲ θεὸς γινώσκει τὰς καρδίας ὑμῶν. (Lc 16:15)	ὑμῶν = vuestros καρδίας = corazones (Ac. fem. pl.)
27.	σὺ οὖν εἶ ὁ υἱὸς τοῦ θεοῦ; (Lc 22:70)	σὺ = tú, nominativo οὖν = por tanto
28.	ὁ Ἰησοῦς εἶπεν· σὺ εἶ Σίμων ὁ υἱὸς Ἰωάννου. (Jn 1:42)	εἶπεν = dijo σὺ = tú, nominativo Σίμων = Simón nominativo
29.	ἀπεκρίθη ὁ ὄχλος· δαιμόνιον ἔχεις. (Jn 7:20)	ἀπεκρίθη = respondió (él, ella) ὄχλος, -ου, ὁ = multitud
30.	λέγει τοῖς μαθηταῖς· ἄγωμεν εἰς τὴν Ἰουδαίαν πάλιν. (Jn 11:7)	ἄγωμεν = Vamos εἰς = en, hasta (con un complemento en acusativo) Ἰουδαία, -ας, ἡ = Judea πάλιν = otra vez

Practique leer una historia

Traduzca la siguiente historia. Lea las notas que aparecen al final de la página para obtener ayuda adicional.

ΤΟ[1] ΒΙΒΛΙΟΝ ΠΕΤΡΟΥ ΤΑΙΣ ἘΚΚΛΗΣΙΑΙΣ

Πέτρος ἀπόστολος Χριστοῦ ταῖς ἐκκλησίαις τοῦ θεοῦ, ἀσπάζω[2] ὑμᾶς[3].

Ἔγραψα[4] τοῖς ἀνθρώποις τοῦ ναοῦ ὅτι ὁ Ἰησοῦς ἐστὶν υἱὸς τοῦ θεοῦ, οὐ δέ πιστεύουσιν. ὁ υἱὸς λέγει τὸν λόγον τοῦ θεοῦ τῷ κόσμῳ, ὁ δέ κόσμος οὐ πίστευει αὐτῷ[5] ὅτι οὐ ἄκουει τοὺς λόγους τοῦ εὐαγγελίου. οἵ ἄνθρωποι τῶν κόσμων λέγουσιν ὅτι δαιμόνιον ἔχει ὁ Ἰησοῦς καὶ ὅτι οὐ γίνωσκει τὸν κύριον.

Βλέπομεν καὶ πιστεύομεν ὅτι ὁ Ἰησοῦς υἱὸς τῆς δόξης ἐστὶν καὶ βαπτίζομεν τοὺς ἀγγέλους τῶν ἐκκλησίων τῷ σαββάτῳ. ἀδελφοὶ νῦν[6] εἰσίν καὶ οὐκ ἔχουσιν φόβον. τὴν ὁδὸν τῆς ζωῆς καὶ εἰρήνης γινώσκουσιν.

Γράφω ὑμῖν[7] ὅτι λέγετε τοῖς ἀνθρώποις τοῦ ναοῦ καὶ πιστεύετε ὅτι μαθηταὶ τοῦ κυρίου εἰσίν. τοῦ οἶκου τῶν δαιμονίων εἰσὶν καὶ τῆς βασιλείας τῆς γῆς. τοῦ οὐρανοῦ ἐσμὲν καὶ Ἰησοῦ. μή[8] οὖν[9] εἴπητε[10] αὐτοῖς[11].

Notas

[1] ὁ, τό, etc.	Las palabras cortas que comienzan con τ o con un espíritu áspero son artículos y pueden traducirse como «el», «la», «lo».
[2] ἀσπάζω	saludo (verbo saludar)
[3] ὑμᾶς	ustedes, vosotros – Acusativo
[4] ἔγραψα	escribí
[5] αὐτῷ	a él - acusativo singular de αὐτός
[6] νῦν	ahora
[7] ὑμῖν	a ustedes, os – Dativo
[8] μη	no (como οὐ) – se usa en órdenes
[9] οὖν	por tanto - (conjunción pospositiva)
[10] εἴπητε	¡Hablen! o ¡hablad! – una orden
[11] αὐτοις	a ellos, les– dativo plural masculino

Mi traducción

Unidad 5. Artículos

Análisis morfológico

Analice la forma de los siguientes artículos. Incluya todas las opciones posibles.

	Caso	Número	Género
τῷ			
τήν			
τοῖς			
τά			
τοῦ			
ἡ			
τό			
αἱ			
τῶν			
τάς			
τῆς			
οἱ			
τόν			
ὁ			

Practique escribir en griego

Traduzca al griego las siguientes oraciones en español usando los artículos griegos cuando corresponda. Use las desinencias correctas para los artículos, sustantivos y verbos, y la puntuación adecuada para las preguntas. No se preocupe por el orden de las palabras.

1.	El corazón habla la verdad.
2.	Dios es amor.

3.	Las multitudes están juzgando a los profetas de Dios.
4.	Estamos escribiendo el evangelio de amor a los esclavos.
5.	Nuevamente ustedes están oyendo la voz del Señor.
6.	Los niños están hablando la sabiduría de Jesús a los discípulos.
7.	Los demonios no creen a Dios pero yo creo en las Escrituras.
8.	Tú conoces la muerte, porque no tienes la sabiduría de Dios.
9.	Los corazones de los hombres no conocen la gloria del Hijo de Dios.
10.	Los hijos de los profetas están escribiendo a los hijos de Dios.

Practique leer oraciones en griego

Traduzca cada una de las siguientes oraciones. No traduzca los artículos cuando preceden a sustantivos propios o hacen que la traducción al español resulte rara. Los sustantivos en singular sin artículo requerirán un artículo indefinido. Si no aparece un sujeto expreso, incluya el pronombre que corresponda a la forma verbal. Verifique la puntuación para determinar si la oración es una afirmación o una pregunta.

11.	ἡ καρδία τοῦ ἀποστόλου ἐστιν καρδία τῆς ἀγάπης.
12.	κρίνουσιν οἱ προφῆται τοὺς μαθητὰς τοῦ Ἰησοῦ;
13.	τὴν ἀγάπην τοῦ θεοῦ γινώσκομεν.
14.	τοῖς δαιμονίοις λέγουσιν οἱ δοῦλοι τὸ εὐαγγέλιον;
15.	παιδία ἔχετε καὶ γινώσκουσιν τήν σοφίαν τοῦ υἱοῦ.
16.	τῷ ὄχλῳ λέγομεν ἀλλὰ οὐκ ἀκούουσιν τοὺς λόγους τῆς σοφίας.
17.	λέγουσιν τὰ παιδία τοῦ υἱοῦ τοῖς δούλοις τῆς βασιλείας τοῦ θανάτου.
18.	ἀκούω τὰς φωνὰς τῶν παιδίων καὶ λέγουσιν λόγους ἀγάπης ἀνθρώποις.

19.	ὁ Ἰησοῦς πάλιν λέγει ὅτι ὁ θεὸς ἐστίν ἀγάπη καὶ ἡ αγάπη τοῦ θεοῦ σώζει ἀνθρώπους τῆς σοφίας.
20.	οἱ δοῦλοι τοῦ Χριστοῦ βαπτίζουσιν τοὺς ἀποστόλους ἀλλὰ οἱ δοῦλοι τῶν δαιμονίων κρίνουσιν τοὺς δούλους τοῦ Χριστοῦ.

Practique leer oraciones del Nuevo Testamento

Las siguientes oraciones están tomadas de los versículos que se indican. Hemos realizado algunas modificaciones. Intente traducir las oraciones sin mirar los pasajes. Luego, verifique su traducción consultando una versión literal como la Biblia de las Américas.

21.	καὶ λέγει αὐτῷ· εἰ υἱὸς εἶ τοῦ θεοῦ, βάλε σεαυτὸν κάτω· (Mt 4:6)	αὐτῷ = a él (Dativo singular) εἰ = si βάλε σεαυτὸν κάτω = échate abajo
22.	φοβούμεθα τὸν ὄχλον, γὰρ ὡς προφήτην ἔχουσιν τὸν Ἰωάννην. (Mt 21:26)	φοβούμεθα = tememos ὡς = por
23.	καὶ ἔλεγον αὐτῷ οἱ μαθηταὶ αὐτοῦ· βλέπεις τὸν ὄχλον. (Mr 5:31)	ἔλεγον = dijeron (3ra persona plural) αὐτῷ = le [a él] (Dativo sing.) αὐτοῦ = su/sus (Genitivo sing.)
24.	ὁ δὲ Ἰησοῦς πάλιν ἀποκριθεὶς λέγει αὐτοῖς. (Mr 10:24)	ἀποκριθεὶς = respondiendo αὐτοῖς = les [a ellos] (Dativo pl)

25.	ἔχω γὰρ πέντε ἀδελφούς. (Lc 16:28)	πέντε = cinco
26.	ἀλλ' ἐγὼ τὴν ἀλήθειαν λέγω ὑμῖν (Jn 16:7)	ἐγὼ = yo (Ayuda: cuando un pronombre aparece como sujeto expreso, por lo general es enfático) ὑμῖν = os, les (pl)
27.	Βλέπετε γὰρ τὴν κλῆσιν ὑμῶν, ἀδελφοί, (1Co 1:26)	κλῆσιν = vocación, llamamiento (Acusativo singular) ὑμῶν = vuestro, su (Genitivo plural)
28.	πεπιστεύκαμεν τὴν ἀγάπην ἣν ἔχει ὁ θεὸς ἐν ἡμῖν. (1Jn 4:16)	πεπιστεύκαμεν = hemos creído ἣν = que (se refiere al amor) ἐν ἡμῖν = para con nosotros
29.	ἀλλὰ ἔγνωκα ὑμᾶς ὅτι τὴν ἀγάπην τοῦ θεοῦ οὐκ ἔχετε ἐν ἑαυτοῖς. (Jn 5:42)	ἔγνωκα = conozco ὑμᾶς = os, los (Acusativo) ἐν ἑαυτοῖς = en vosotros (mismos)
30.	λέγει γὰρ ἡ γραφή· πᾶς ὁ πιστεύων ἐπ' αὐτῷ οὐ καταισχυνθήσεται. (Ro 10:11)	πᾶς = todo aquel ὁ πιστεύων = que cree ἐπ' αὐτῷ = en él καταισχυνθήσεται = será avergonzado (3ra persona singular)

Practique leer una historia

Traduzca la siguiente historia. Lea las notas que aparecen al final de la página para obtener ayuda adicional.

ΓΙΝΩΣΚΕΤΕ ΤΗΝ ΚΑΡΔΙΑΝ ΤΟΥ ΘΕΟΥ;

Πέτρος δοῦλος Χριστοῦ Ἰησοῦ τοῖς παιδίοις τοῦ ναοῦ.

Γινώσκετε τὴν καρδίαν τοῦ θεοῦ; ἐξαπέστειλεν[1] ὁ θεὸς αὐτοῦ[2] τὸν υἱὸν Ἰησοῦν τοῖς ἀνθρώποις τῶν ἁμαρτιῶν. ἐστίν δοῦλος ἀγάπης καί γίνωσκει τόν θεόν καρδίᾳ[3]. ὁ Ἰησοῦς εὐαγγελίζεται[4] τό εὐαγγέλιον τοῖς παιδίοις τῶν ἀνθρώπων, οὐδέ πιστεύουσιν τοὺς λόγους αὐτοῦ. οἱ λόγοι οὓς[5] ἀκούουσιν λόγοι τῆς ἀγάπης εἰσὶν. ὁ υἱὸς ἐστὶν δοῦλος τοῦ θεοῦ καὶ οὗτος[6] κρίνει τὰς ἁμαρτίας τῶν ἀνθρώπων.

Τὴν φωνὴν αὐτοῦ ἀκούετε; φωνὴ γὰρ ἐστὶν τοῦ θεοῦ τῶν οὐρανῶν[7], καὶ ζωὴν τοῖς παιδίοις τῆς ἀληθείας ἔχει· οἱ γὰρ ὄχλοι οἵ[8] πιστεύουσιν τῷ υἱῷ γινώσκουσιν ζωὴν καὶ εἰρήνην καὶ σοφίαν. αἰτῶ[9] πάλιν, ὑμεῖς[10] ἀκούετε τὴν φωνὴν αὐτοῦ; ἡ καρδία τοῦ θεοῦ ἐστὶν.

Notas

1 ἐξαπέστειλεν	envió (3ra persona singular)
2 αὐτοῦ	su (los sustantivos modificados por una forma posesiva normalmente llevan artículo en griego. Ayuda: por lo general una forma posesiva sigue al sustantivo que modifica. Sin embargo, para enfatizar puede preceder al sustantivo).
3 καρδίᾳ	con *su* corazón (Dativo instrumental para indicar el medio por el cual se realiza una acción)
4 εὐαγγελίζεται	predica (3ra persona singular de εὐαγγελίζομαι)
5 οὓς	que (pronombre relativo - Acusativo plural)
6 οὗτος	él/ese (pronombre demostrativo – nominativo masculino singular – comúnmente usado como pronombre personal)
7 οὐρανῶν	Por lo general, este sustantivo plural se traduce al español en singular
8 οἵ	quien, que (pronombre relativo - Nominativo masculino plural)
9 αἰτῶ	pregunto
10 ὑμεῖς	Ustedes, vosotros (pl) (pronombre personal nominativo plural - se añade para enfatizar)

Mi traducción

Unidad 6. Adjetivos de 1ra y 2da declinación

Análisis morfológico

Analice la forma de los siguientes adjetivos. Incluya todas las opciones posibles.

	Caso	Número	Género
νεκρά			
ἀγαθοῖς			
δικαίων			
ἀγαπητός			
καλήν			
πονηροῦ			
τυφλῷ			
μόνας			
κακόι			
ὅλης			
πρώτῃ			
πιστὰ			
δίκαιῳ			
ὅλη			
νεκρὸς			
ἀγαπητοὶ			
ἅγιον			
τυφλοὺς			
ἁγίας			

Practique escribir en griego

Traduzca al griego las siguientes oraciones en español. Use las desinencias correctas para los artículos, los adjetivos, los sustantivos y los verbos, y la puntuación adecuada para las preguntas. No se preocupe si el orden de los elementos de la oración no sigue el patrón sujeto-verbo-complemento. Use la segunda posición atributiva para los adjetivos en negrita.

1.	Los santos apóstoles conocen a Dios.
2.	Estamos salvando a los hijos **fieles**.
3.	El discípulo es ciego.
4.	Toda la iglesia tiene paz.
5.	Ustedes están hablando a los muertos.
6.	El Señor de gloria es santo y justo.
7.	Los santos creen a los siervos del pecado perversos.
8.	Estoy escribiendo un libro **santo** a los primeros mensajeros de las iglesias.
9.	El **justo** hombre de Dios ve el reino amado de los niños fieles.
10.	Los santos juzgan a los perversos ángeles del cielo y ven todo el pecado de los perversos.

Practique leer oraciones en griego

Traduzca cada una de las siguientes oraciones. No se olvide de distinguir entre el uso atributivo, predicativo y sustantivado de los adjetivos. Si no aparece un sujeto expreso, incluya el pronombre que corresponda a la forma verbal. Verifique la puntuación para determinar si la oración es una afirmación o una pregunta.

11.	τὸν ἅγιον ναὸν τοῦ θεοῦ βλέπομεν.
12.	βαπτίζουσιν οἱ δίκαιοι δοῦλοι τὸν ἄγγελον τὸν ἀγαπητόν.
13.	βλέπετε τοὺς πιστοὺς ἀδελφούς;
14.	οἱ ἅγιοι πιστεύουσιν ὅτι ἀγαθὸς ὁ ἅγιος βιβλίος.
15.	κρίνεις τὰ πονηρὰ παιδία τῶν κακῶν δαιμονίων;
16.	ἄκουει ὅλος ὁ ὄχλος τὸ εὐαγγέλιον, οὐ δέ πιστεύουσιν τὰ ἀγαθὰ τῶν ἀδελφῶν.
17.	τυφλὸς ἐστιν ὁ κόσμος καὶ οὐ γινώσκει τὴν ἀλήθειαν τοῦ θεοῦ ἥν[10] γράφει ταῖς πρώταις ἐκκλησίαις.
18.	τὴν φωνὴν τῶν νεκρῶν ἀκούομεν καὶ λέγουσιν ὅτι οἱ προφῆται οἱ πιστοὶ γινώσκουσιν ζωὴν καὶ εἰρήνην.

[10] ἥν – que, cual (pronombre relativo, Acusativo singular)

19.	ἅγια ἡ σοφία τοῦ κυρίου καί πιστὴ ἡ ἀγάπη αὐτοῦ, ἐστίν γὰρ ὁ κύριος τοῦ οὐρανοῦ καὶ τῆς γῆς ἅγιος καὶ πιστός τοῖς ἁγίοις.
20.	γινώσκομεν τοὺς καλοὺς λόγους τοῦ κυρίου καὶ πιστεύομεν τῷ Ἰησοῦ Χριστῷ τῷ μόνῳ υἱῷ τοῦ θεοῦ.

Practique leer oraciones del Nuevo Testamento

Las siguientes oraciones están tomadas de los versículos que se indican. Hemos realizado algunas modificaciones. Intente traducir las oraciones sin mirar los pasajes. Luego, verifique su traducción consultando una versión literal como la Biblia de las Américas.

21.	οὐκ ἔστιν ὁ θεὸς νεκρῶν ἀλλὰ ζώντων. (Mt 22:32)	Ayuda: Cabría esperar artículos con los adjetivos. ζώντων = de vivos (Gen. masc. pl.)
22.	Τί δὲ οὐ κρίνετε τὸ δίκαιον; (Lc 12:57)	Τί = ¿por qué? Ayuda: ten en cuenta el género de τὸ δίκαιον.
23.	εὑρίσκει πρῶτον τὸν ἀδελφὸν τὸν ἴδιον Σίμωνα. (Jn 1:41)	εὑρίσκει = encuentra ἴδιος = su, de uno mismo (Adjetivo) Σίμωνα = Simón (Ac. masc. sing.) Ayuda: πρῶτον (Acusativo) funciona aquí como un adverbio.
24.	πᾶς ἄνθρωπος πρῶτον τὸν καλὸν οἶνον τίθησιν. (Jn 2:10)	πᾶς = todo (Nom. masc. sing.) πρῶτον (se usa en forma adverbial) τίθησιν = saca, sirve Ayuda: πρῶτον (Acusativo) funciona aquí como un adverbio.

25.	λέγουσιν οὖν τῷ τυφλῷ πάλιν· τί σὺ λέγεις; (Jn 9:17)	οὖν = por tanto τί = ¿qué? σὺ = tú (nom. sing.)
26.	λέγει·ὅλην τὴν ἡμέραν ἐξεπέτασα τὰς χεῖράς μου. (Ro 10:21)	ἐξεπέτασα = extendí χεῖράς = manos (Ac. fem. pl.) μου = mis
27.	οὐκ οἴδατε ὅτι οἱ ἅγιοι τὸν κόσμον κρινοῦσιν; (1Co 6:2)	οἴδατε = (ustedes) saben/sabéis κρινοῦσιν = juzgarán (Fut. 3ra pl.)
28.	ὁ γὰρ πρῶτος οὐρανὸς καὶ ἡ πρώτη γῆ ἀπῆλθαν. (Ap 21:1)	ἀπῆλθαν = pasaron (3ra per. pl.)
29.	ἀγαπήσεις κύριον τὸν θεόν σου ἐξ ὅλης τῆς καρδίας σου. (Mc 12:30)	ἀγαπήσεις = amarás (tiempo futuro usado como una orden) σου = tu (sg) ἐξ = de, desde
30.	οἱ γὰρ ἄρχοντες οὐκ εἰσὶν φόβος τῷ ἀγαθῷ ἔργῳ ἀλλὰ τῷ κακῷ. (Ro 13:3)	ἄρχοντες = gobernantes, magistrados (Sust. masc. pl.)

Practique leer una historia

Traduzca la siguiente historia. Lea las notas que aparecen al final de la página para obtener ayuda adicional.

ʽΟΛΟΝ ΤΟ ʼΕΡΓΟΝ ΤΟΥ ʼΙΗΣΟΥ

Ἰωάννης, ὁ καλὸς ἀπόστολος τοῦ Χριστοῦ τοῖς ἁγίοις καὶ πιστοῖς μαθηταῖς τοῦ Ἰησοῦ Χριστοῦ μόνου υἱοῦ τοῦ θεοῦ.

Γράφω ὑμῖν[1] ὅτι βλέπω ὅλον τὸν ἔργον τοῦ Ἰησοῦ. είσέρχεται[2] τὸν ἅγιον ναὸν τῷ σαββάτῳ[3] καὶ ὅλος ὁ ὄχλος ἀκούουσιν τοὺς ἀγαθοὺς λόγους τοῦ θεοῦ. ἀλήθειαν λέγει τοῖς τυφλοῖς καὶ πιστεύουσιν τὴν φωνὴν τὴν δικαίαν αὐτοῦ[4]. γίνωσκει ὅτι αἱ καρδίαι τῶν ἁγίων πιστεύουσιν καὶ ἔχουσιν ζωήν. σώζει τοὺς τυφλοὺς καὶ τὴν[5] ζωὴν δίδωσιν[6] τοῖς νεκροῖς. πρῶτός ἐστιν τῆς βασιλείας τοῦ θεοῦ.

Οἱ κακοί δοῦλοι τοῦ ναοῦ ού πιστεύουσιν ὅτι αἱ καρδίαι αὐτῶν[7] πονηραί. λέγουσιν ὅτι ὁ Ἰησοῦς οὔκ ἐστιν ὁ πιστὸς υἱὸς τοῦ θεοῦ καί ὅτι ού γίνωσκει τὸν δίκαιον κύριον τῶν ούρανῶν. ού γινώσκουσιν ζωὴν, ἅγιοι γὰρ καὶ δικαίοι οὔκ εἰσιν. νεκροὶ τῇ ἁμαρτίᾳ καὶ θάνατον μόνον γινώσκουσιν. οἱ τυφλοὶ ὁδηγοῦσιν[8] τοὺς τυφλοὺς καὶ γράφουσιν νεκροὺς νόμους τοῖς νεκροῖς.

πιστεύετε ὅλον τὸ ἔργον τοῦ Ἰησοῦ.

Notas

[1] ὑμῖν	a ustedes, a vosotros
[2] είσέρχεται	entra
[3] σαββάτῳ	Ayuda: Este es un dativo de tiempo.
[4] αὐτοῦ	su – Genitivo masculino singular
[5] τὴν	Ayuda: Este es un buen ejemplo de un artículo que hace referencia a algo anterior.
[6] δίδωσιν	da
[7] αὐτῶν	sus – Genitivo masculino plural
[8] ὁδηγοῦσιν	están guiando – 3ra persona plural

Mi traducción

Unidad 7. Preposiciones

Practique escribir sintagmas preposicionales

Escriba el sintagma preposicional griego equivalente al sintagma en español. No olvide usar el caso correcto para el complemento de la preposición.

Español	Griego
en la casa	
desde el templo	
debajo de los cielos	
con los discípulos	
sobre la tierra	
hacia el lugar	
después de los días	
hacia el mar	
junto con el Señor	
por los profetas	
por medio de la palabra	
fuera de la iglesia	
a causa de la verdad	
junto al mar	
de (entre) los muertos	
de (junto a) Dios	
en paz	
con respecto a las escrituras	
junto con los apóstoles	

Practique escribir en griego

Traduzca al griego las siguientes oraciones en español. Use las desinencias correctas para los artículos, los adjetivos, los sustantivos y los verbos, y la puntuación adecuada para las preguntas. No se preocupe si el orden de los elementos de la oración no sigue el patrón sujeto-verbo-complemento. Recuerde que el complemento de las preposiciones debe estar en el caso apropiado para la preposición y su significado.

1.	Jesús está en el templo.
2.	Los hombres en la tierra no creen. (Pon el sintagma preposicional en la 2da posición atributiva).
3.	A causa de la sabiduría conocemos la verdad.
4.	¿Está el hijo salvando del pecado a los niños?
5.	La sabiduría de Dios es justa.
6.	Los hombres están bautizando junto al mar.
7.	Estoy oyendo una voz debajo de la casa.
8.	¿Están hablando los discípulos fieles acerca del hijo?
9.	Ustedes tienen las escrituras en el corazón.
10.	Los siervos con los ángeles están oyendo la palabra de Dios.

Practique leer oraciones en griego

Traduzca las siguientes oraciones. Asegúrese de distinguir entre el uso atributivo, predicativo y sustantivado de los adjetivos. Verifique la puntuación para determinar si la oración es una afirmación o una pregunta.

11.	δία τὸν υἱὸν οἱ ἀποστόλοι πιστεύουσιν.
12.	οἱ προφήται πάλιν γράφουσιν ἐν τῷ βιβλίῳ σοφίας.
13.	βλέπουσιν τὰ δαιμόνια τοὺς ἀνθρώπους τοὺς[11] ἐπὶ τῆς γῆς.
14.	λύει ὁ Ἰησοῦς τοὺς δούλους σύν ταῖς μαθηταῖς.
15.	οὐ γινώκετε τὴν ὁδὸν ἐκ τοῦ θανάτου;
16.	ὁ Ἰωάννης ἔστιν παρὰ τὴν θάλασσαν ἐν οἴκῳ μετὰ τοῦ κυρίου.
17.	ὁ ἀγαθὸς λόγος ἐν τῇ καρδίᾳ τῶν ἁγίων σώζει τὰ πιστὰ παιδία ἐκ νεκρῶν ἁμαριτίων.

[11] El artículo antes del sintagma preposicional indica que funciona como un adjetivo y puede dejarse sin traducir.

18.	ἡ δίκαια φωνὴ τοῦ θεοῦ ἐν τῷ κόσμῳ ἐστὶν, κρίνει γὰρ τοὺς πονρούς ἀγγέλους τοὺς ἀπὸ τοῦ ναοῦ τῶν διαμονίων.
19.	οἱ καλοὶ ἀδελφοὶ τῆς εἰρήνης ἔχουσιν τὰς ἀγαπητὰς γραφὰς ἐν τῇ ἐκκλησίᾳ τοῦ κυρίου.
20.	ὅλος ὁ ὄχλος ἐν τῷ ναῷ ἄκουει τὸν Χριστὸν ὅτι λέγει τοὺς νόμους τῶν ὀυρανῶν πρὸς τοὺς τυφλοὺς προφήτας.

Practique leer del Nuevo Testamento

Las siguientes oraciones están tomadas de los versículos que se indican. Hemos realizado algunas modificaciones. Intente traducir las oraciones sin mirar los pasajes. Luego, verifique su traducción consultando una versión literal como la Biblia de las Américas.

21.	καὶ βασιλεύσει ἐπὶ τὸν οἶκον Ἰακὼβ. (Lc 1:33)	βασιλεύσει – reinará Ἰακὼβ – de Jacob
22.	ἐν τῷ κόσμῳ ἦν, καὶ ὁ κόσμος δι' αὐτοῦ ἐγένετο. (Jn 1:10)	ἦν - estaba (3ra per. sing.) δι' – forma contraída de διά ἐγένετο – existió, fue creado, llegó a ser (3ra pers. sing.)
23.	ἤρξατο λέγειν πρὸς τοὺς ὄχλους περὶ Ἰωάννου. (Lc 7:24)	ἤρξατο – comenzó λέγειν – hablar, decir
24.	Ἐγένετο ἄνθρωπος, ἀπεσταλμένος παρὰ θεοῦ, ὄνομα αὐτῷ Ἰωάννης. (Jn 1:6)	Ἐγένετο – Hubo ἀπεσταλμένος - enviado ὄνομα - nombre (Neut. nom. sing.) αὐτῷ - su, cuyo (literalmente «nombre a él»)

25.	ούδεὶς ... έλάλει περὶ αύτοῦ διὰ τὸν φόβον τῶν Ἰουδαίων. (Jn 7:13)	ούδεὶς – ninguno έλάλει – estaba hablando, hablaba αύτοῦ - él (masc. sing. gen.) Ἰουδαίων – de los judíos
26.	δόξα έν ὑψίστοις θεῷ καὶ έπὶ γῆς είρήνη έν άνθρώποις εύδοκίας. (Lc 2:14)	ὑψίστος – alturas (masc. pl. dat.) εύδοκία, ἡ – buena voluntad (genitivo sing.)
27.	τὸ βάπτισμα Ἰωάννου έξ ούρανοῦ ἦν ἢ έξ άνθρώπων; (Lc 20:4)	βάπτισμα – bautismo (neut. nom. sing.) ἦν – era (3ra per. sing.) ἢ - o
28.	Περιπατῶν δὲ παρὰ τὴν θάλασσαν τῆς Γαλιλαίας εἶδεν δύο άδελφούς. (Mt 4.18)	Περιπατῶν – andando Γαλιλαίας, ἡ – Galilea (genitivo sing.) εἶδεν – vio δύο – dos
29.	ὄψεσθε τοὺς άγγέλους τοῦ θεοῦ άναβαίνοντας καὶ καταβαίνοντας έπὶ τὸν υἱὸν τοῦ άνθρώπου. (Jn 1:51)	ὄψεσθε – veréis, verán άναβαίνοντας – ascendiendo, subiendo καταβαίνοντας – descendiendo, bajando
30.	καὶ ίδοὺ φωνὴ έκ τῶν ούρανῶν λέγουσα· οὗτός έστιν ὁ υἱός μου ὁ άγαπητός (Mt 3:17)	ίδοὺ – «he aquí» λέγουσα – diciendo οὗτός – este μου – mi

Practique leer una historia

Traduzca la siguiente historia. Lea las notas que aparecen al final de la página para obtener ayuda adicional.

Ο ΙΗΣΟΥΣ ΒΑΠΤΙΖΕΙ ΤΟΝ ΙΩΑΝΝΗΝ ΚΑΙ ΤΟΝ ΑΔΕΛΦΟΝ ΑΥΤΟΥ

Ἐν σαββάτῳ ὁ Ἰησοῦς περιπατεῖ[1] παρὰ τὴν θάλασσαν τῆς Γαλιλαίας[2] καὶ βλέπει Ἰωάννην καὶ τὸν ἀδελφὸν αὐτοῦ[3] ἐν τῷ οἴκῳ Πετροῦ. ἀναγινώσκουσιν[4] ἐν τῷ βιβλίῳ τοῦ νόμου περί τοῦ Μεσσίου[5], γινώσκουσιν γὰρ ὅτι ὁ Ἰησοῦς βαπτίζει μαθητὰς ἐν τῷ Ἰορδάνῃ[6] ποταμῷ[7] καὶ πιστεύουσιν ὅτι οὗτός[8] ἐστὶν ὁ Μεσσίας.

Αἱ ἁγίαι γραφαὶ αἱ γεγραμμέναι[9] ὑπὸ τῶν προφήτων οὐ λέγουσιν περὶ τοῦ Ἰησοῦ ὅτε[10] λέγουσιν περὶ τοῦ Μεσσίου; παρὰ θεοῦ ὁ Ἰησοῦς ἐστίν καὶ ἐν ἀλήθειᾳ ὁ Μεσσίας ἐστίν. γράφουσιν δὲ καὶ[11] οἱ ἅγιοι προφῆται περὶ τοῦ Ἰησοῦ ἐν ταῖς γραφαῖς ὅτι μόνον ὁ Ἰησοῦς σώζει ἀνθρώπους ἐκ τῶν ἁμαρτίων αὐτῶν.

Ὁ Ἰησοῦς βαπτίζει τὸν Ἰωάννην σὺν τῷ ἀδελφῷ ἐν τῷ Ἰορδάνῃ ποταμῷ. λύει αὐτοὺς ἀπὸ ὥρας τοῦ θανάτου ὅτι πιστεύουσιν. οἱ[12] ἐν τῇ ἐκκλησίᾳ βλέπουσιν αὐτοῦ τὴν δόξαν ἀλλὰ ἐκεῖνοι[13] οἱ πονηροῖ δοῦλοι ἐν τῷ ναῷ τοῦ θανάτου οὐ πιστεύουσιν. διὰ τὰς κακὰς καρδίας κρίνουσιν τὸν υἱὸν τοῦ ἀνθρώπου. ἐν τῇ ὥρᾳ τοῦ θανάτου λέγει πρὸς αὐτοὺς καὶ ἐκβάλλει[14] αὐτοὺς ἐκ τῆς δίκαιας βασιλείας εἰς τὴν θάλασσαν τοῦ θανάτου.

Notas

[1] περιπατεῖ	está caminando (andando)
[2] Γαλιλαία, ·ας, ἡ	Galilea
[3] αὐτοῦ	él
[4] ἀναγινώσκω	leo (forma léxica)
[5] Μεσσίας, ·ου, ὁ	Mesías
[6] Ἰορδάνη, ·ης, ἡ	Jordán
[7] ποταμος, ·ου, ὁ	río

[8] οὗτος, ·ου, ὁ	este
[9] αἱ γεγραμμέναι	escrito
[10] ὅτε	cuando
[11] καὶ	Conjunción usada en forma intensiva
[12] οἱ	artículo usado para sustantivar la oración
[13] ἐκεῖνοι	aquellos, esos
[14] ἐκβάλλω	echo fuera

Mi traducción

Unidad 8. Presente de indicativo medio y pasivo

Análisis morfológico

Analice y traduzca los siguientes verbos. Traduzca los verbos no deponentes con las formas medias/pasivas como pasivas. En cuanto a los verbos deponentes, catalogue la voz como deponente.

	Tiempo	Voz	Modo	Persona	Número	Lema	Traducción
γίνεται	Presente		Indicativo				
πιστεύομεθα	Presente		Indicativo				
λέγετε	Presente		Indicativo				
σῴζῃ	Presente		Indicativo				
γράφονται	Presente		Indicativo				
κρίνει	Presente		Indicativo				
πορεύεσθε	Presente		Indicativo				
ἐγείρουσιν	Presente		Indicativo				
ἀπέρχομαι	Presente		Indicativo				
ἀκούομεν	Presente		Indicativo				
εὐαγγελίζεται	Presente		Indicativo				
βλέπομεθα	Presente		Indicativo				
ἔρχομαι	Presente		Indicativo				
λέγεις	Presente		Indicativo				
ἀποκρίνῃ	Presente		Indicativo				
ἐστὶν	Presente		Indicativo				
ἐξέρχεται	Presente		Indicativo				
κρίνει	Presente		Indicativo				

Practique escribir en griego

Traduzca al griego las siguientes oraciones en español. Use la puntuación correcta para las preguntas.

1.	Ellos están respondiendo al Señor.
2.	Estamos entrando en la casa.
3.	El Hijo está siendo bautizado por Juan.
4.	Los hombres están saliendo del templo.
5.	Jesús se acerca al mar.
6.	¿Están (ustedes) siendo observados por el esclavo?
7.	Estoy predicando las buenas nuevas a la multitud.
8.	El profeta está siendo levantado por Pedro.
9.	Te estás alejando del lugar.
10.	¿Está volviéndose sabio el corazón del hombre?

Practique leer oraciones en griego

Traduzca cada una de las siguientes oraciones. Verifique la puntuación para determinar si la oración es una afirmación o una pregunta.

11.	ὁ νόμος τοῦ θεοῦ γράφεται ἐπὶ τὰς καρδίας τῶν ἀνθρώπων.
12.	γραφονται αἱ ἅγιαι γραφαὶ ὑπὸ τῶν πιστῶν δοῦλων;
13.	βαπτίζομεθα ὑπὸ Ἰωάννου ἐν τῇ νεκρᾷ θαλάσσῃ.
14.	νῦν πορεύεσθε εἰς τὴν ἐκκλησίαν τοῦ θεοῦ.
15.	εἰ πιστεύεις ἐν τῷ υἱῷ τοῦ θεοῦ, σώζῃ δία τῶν ἔργων τοῦ υἱοῦ.
16.	ὁ Πέτρος ἀποκρίνεται τῷ Ἰησοῦ καὶ λέγει· ἐξέρχομαι ἐκ τοῦ οἰκοῦ τῶν τυφλῶν.
17.	ζωὴ τῶν ἀνθρώπων ἐστιν ὁ Χριστὸς, ἐγείρονται οὖν τὰ παιδία τοῦ Χριστοῦ εἰς τὴν ζωὴν.
18.	ὡς οἱ μαθηταὶ τοῦ κυρίου, κρίνομεθα ὑπὸ τῶν πονηρῶν ἀποστόλων ἁμαρτιάς.

19.	γίνεται ὁ Ἰωάννης μαθητής Ἰησοῦ καὶ οὔν προσέρχεται πρὸς τὴν ἀγάπητην βασιλείαν τῶν δικαίων ἀγγέλων.
20.	τὰ δαιμόνια εἰσέρχονται εἰς ταῖς καρδίαις τῶν κακῶν ὅτι οὐ γινώσκουσιν ὅλον τὸν νόμον σοφίας.

Practique leer el Nuevo Testamento

Las siguientes oraciones están tomadas de los versículos que se indican. Hemos realizado algunas modificaciones. Intente traducir las oraciones sin mirar los pasajes. Luego, verifique su traducción consultando una versión literal como la Biblia de las Américas.

21.	καρδίᾳ γὰρ πιστεύεται εἰς δικαιοσύνην. (Ro 10:10)	δικαιοσύνη, ·ης, ἡ - justicia
22.	ἐκ γὰρ τῆς καρδίας ἐξέρχονται διαλογισμοὶ πονηροί. (Mt 15:19)	διαλογισμος, ·ου, ὁ - pensamiento
23.	οὐχ ἡ μήτηρ αὐτοῦ λέγεται Μαριὰμ; (Mt 13:55)	μήτηρ - madre (nom. sing.) αὐτοῦ - su (de él)
24.	ἔρχεται ὁ πονηρὸς καὶ ἁρπάζει τὸ ἐσπαρμένον ἐν τῇ καρδίᾳ αὐτοῦ. (Mt 13:19)	ἁρπάζω – arrebato τὸ ἐσπαρμένον – lo que fue sembrado αὐτοῦ - su (de él)

25.	ἔρχεται ὁ διάβολος καὶ αἴρει τὸν λόγον ἀπὸ τῆς καρδίας αὐτῶν. (Lc 8.12)	διάβολος ·ου, ὁ - diablo αἴρω - quito αὐτῶν – sus (de ellos)
26.	τρέχει οὖν καὶ ἔρχεται πρὸς Σίμωνα Πέτρον καὶ πρὸς τὸν ἄλλον μαθητὴν. (Jn 20.2)	τρέχω - corro Σίμωνα - Simón (Ac. sing.) ἄλλος, η, ον - otro
27.	κωφοὶ[12] ἀκούουσιν, νεκροὶ ἐγείρονται, πτωχοὶ εὐαγγελίζονται. (Lc 7:22)	κωφος , ή, όν - sordo πτωχος , ή, όν - pobre
28.	ἀμὴν ἀμὴν λέγω ὑμῖν ὅτι ἔρχεται ὥρα καὶ νῦν ἐστιν ὅτε οἱ νεκροὶ ἀκούσουσιν τῆς φωνῆς τοῦ υἱοῦ τοῦ θεοῦ. (Jn 5:25)	ἀμὴν – amén, de cierto, verdaderamente ὑμῖν – os, les (a ustedes) ὅτε - cuando ἀκούσουσιν - futuro de ἀκούω
29.	λέγει αὐτῷ ὁ Ἰησοῦς· ἐγώ εἰμι ἡ ὁδὸς καὶ ἡ ἀλήθεια καὶ ἡ ζωή· οὐδεὶς ἔρχεται πρὸς τὸν πατέρα εἰ μὴ δι᾽ ἐμοῦ. (Jn 14:6)	αὐτῷ - a él (le) ἐγώ - yo οὐδεὶς – nadie, ninguno (masc. nom. sing.) πατέρα - padre (masc. ac. sing.) εἰ μὴ - excepto, sino ἐμοῦ - mí (gen. sing.)

[12] Aunque carecen de artículo, los adjetivos en esta oración funcionan como sustantivos.

Practique leer una historia

Traduzca la siguiente historia. Lea las notas que aparecen al final de la página para obtener ayuda adicional.

Ο ΙΗΣΟΥΣ ΕΥΑΓΓΕΛΙΖΕΤΑΙ ΕΙΣ ΤΑ ΠΑΙΔΙΑ ΤΩΝ ΠΡΟΦΗΤΩΝ

Τὰ παίδια τῶν προφήτων εἰσὶν ἐν τῷ οἴκῳ καὶ λέγουσιν πρὸς τὸν Ἰησοῦν. ἀποκρίνεται δὲ καὶ λέγει αὐτοῖς[1]· εὐαγγελίζομαι τοῖς ὄχλοις καὶ ἀκούουσιν ἐμέ[2]. ὑπὸ τῶν πιστῶν μόνον ἡ φωνή μου ἀκούεται. οἱ ἅγιοι πιστεύουσιν ὅτι ἐγῶ[3] εἰμὶ ὁ υἱὸς τοῦ θεοῦ καὶ σώζονται ἀπὸ ἁμαρτίας καὶ θανάτου, ἀλλὰ τυφλοὶ οἱ πονηροὶ ἀνθρώποι καὶ δία τὰς ἁμαρτίας αὐτῶν[4] κρίνονται. προσέρχονται οὖν πρὸς τὸν κακὸν τόπον τοῦ θανάτου. νῦν εἰσέρχονται εἰς τὴν βασιλείαν τῶν δαιμονίων, οὐ γὰρ ἔχουσιν ἀγάπην εἰς θεόν.

Εἰ πιστεύετε ἐν καρδίᾳ, ἐστὲ οἱ μαθηταί οἱ δικαίοι μοῦ[5], καὶ γράφονται τὰ ὀνόματα[6] ὑμῶν[7] ἐν τῷ βιβλίῳ τῆς ζωῆς ὑπὸ τῶν ἁγίων ἀγγέλων. ἐγείρω ὑμᾶς[8] καὶ ἔχετε ζωὴν. ὡς ἀγαπητὰ παιδία, εἰσέρχεσθε εἰς τὸν οὔρανον σὺν τὴν ἐκκλησίαν τοῦ θεοῦ. τὰ ἀγαθὰ παιδία τῆς σοφίας βαπτίζονται ἐν τῇ θάλασσαν ὑπὸ τῶν ἀποστόλων τοῦ κυρίου. ἀκούονται ὑπὸ ὅλου τοῦ κόσμου, ἔρχεται γὰρ ἡ ὥρα τῆς δόξης.

Ὡς ἀγαπητὰ παιδία τῶν προφήτων, πιστεύετε τὰς γραφὰς περὶ τοῦ Χριστοῦ, γίνεσθε οὖν ἀδελφοὶ τῶν ἁγίων καὶ δοῦλοι τοῦ Ἰησοῦ Χριστοῦ.

Notas

[1] αὐτοῖς	a ellos
[2] ἐμὲ	mí
[3] ἐγῶ	yo

[4] αὐτῶν	de ellos (su)
[5] μοῦ	mi, mis (lo mío)
[6] ὄνομα	nombre (ac. pl.)

[7] ὑμῶν	vuestro, su (gen. pl.)
[8] ὑμᾶς	os, los (ustedes) (ac. pl.)

Mi traducción

Unidad 9. Pronombres personales

Análisis morfológico

Analice y traduzca los siguientes pronombres. Identifique todas las posibilidades. Indique el género solo para los pronombres de la 3ra persona.

	Persona	Número	Caso	Género	Traducción
μου					
αὐταί					
ὑμῶν					
ἡμεῖς					
αὐτά					
μοι					
σύ					
αὐτῆς					
ἡμῖν					
ἐμοί					
σέ					
αὐτό					
ὑμᾶς					
αὐτοίς					
με					
ἐγώ					
ἡμῶν					
αὐτῷ					
ὑμεῖς					
σοῦ					
αὐτῶν					

Practique escribir en griego

Traduzca al griego las siguientes oraciones en español. Incluya pronombres como sujetos para todos los verbos. Recuerde que los sujetos y los verbos deben concordar en cuanto a persona y número.

1.	Tú conoces a mi esclavo.
2.	Estoy juzgando vuestros (sus) corazones.
3.	Tus hijos están siendo bautizados.
4.	Con sus ojos, él está viendo a Dios.
5.	El reino de ellas se acerca.
6.	Nosotros estamos escribiendo a ellos.
7.	Los perversos demonios de ella no creen en mí.
8.	Mi señor me está hablando.
9.	¿Nos estás juzgando?
10.	Los niños conocen su iglesia.

Practique leer oraciones en griego

Traduzca cada una de las siguientes oraciones. Verifique la puntuación para determinar si la oración es una afirmación o una pregunta.

11.	τὰ τέκνα ὑμῶν σῴζονται ὑπὸ τῶν δούλων μου.
12.	ὁ Ἰησοῦς καὶ οἱ μαθηταὶ αύτοῦ προσέρχονται σοῦ τῇ οἰκίᾳ.
13.	ὁ θεὸς ἡμῶν ἔρχεται μετὰ τῶν ἁγίων ἀγγέλων καὶ κρίνεται τὰς ἁμαρτίας αὐτῶν.
14.	ὁ ἄλλος υἱὸς μοῦ βαπτίζεται ὑπὸ τοῦ ἀποστόλου ἀγάπης τῷ σαββάτῳ.
15.	ἐγὼ ἀκούω τὴν φωνὴν σοῦ Ὦ κύριε[13] καὶ ἐγὼ βλέπω τὴν σοφίαν καὶ δόξαν σοῦ ἐν τοῖς βιβλίοις τοῦ νόμου ἡμῶν.
16.	εἰ λέγεις περὶ σεαυτοῦ, οὐ λέγεις ἀλήθειαν, γινώσκει γὰρ ὁ ἐμὸς προφήτης ὅτι πονηρός συ εἶ.
17.	οὐκ ἔχουσιν οἱ τυφλοὶ ἀδελφοὶ ἡμῶν τοὺς ὀφθαλμοὺς ὑμῶν καὶ οὖν οὐ βλέπουσιν τὴν ἀγαπητὴν βασιλείαν τοῦ κυρίου αὐτῶν.

[13] Ὦ κύριε – ¡Oh Señor!

18.	οἱ κακοὶ ὄχλοι ἀποκρίνονται τῷ Ἰωάννῃ καὶ λέγουσιν· οὐ πιστεύομεν ἐν ταὶς καρδίας ἡμῶν οὐδὲ βλέπομεν τοῖς ὀφθαλμοῖς ἡμῶν καὶ οὖν ἡμεῖς ἀπερχόμεθα εἰς τὴν ἰδίαν γὴν.
19.	οἱ δικαίοι ἀνθρώποι τῆς ἐκκησίας σου γράφουσί μοι περὶ τοῦ Χριστοῦ καὶ νῦν πάλιν ἐγω ἔγειρω τοὺς ὀφθαλμοὺς ἐμοῦ τῷ θεῷ, βλέπω γὰρ αὐτὸν ἐν τῇ δόξῃ αὐτοῦ.
20.	ὁ κύριος ἡμῶν εἰσέρχεται εἰς οὐρανοῖς εἰς τὸν ἅγιον ναὸν αὐτοῦ ἀλλὰ τὰ δαιμόνια ἐξέρχονται εἰς τὸν κόσμον ὅτι ἡ ὥρα τοῦ θανάτου ἔρχεται ἐπὶ ὅλον τὸν κόσμον διὰ ἁμαρτίας.

Practique leer el Nuevo Testamento

Las siguientes oraciones están tomadas de los versículos que se indican. Hemos realizado algunas modificaciones. Intente traducir las oraciones sin mirar los pasajes. Luego, verifique su traducción consultando una versión literal como la Biblia de las Américas.

21.	νῦν δὲ λέγετε ὅτι βλέπομεν, ἡ ἁμαρτία ὑμῶν μένει. (Jn 9:41)	
22.	εἶπεν αὐτῇ ὁ Ἰησοῦς· ἐγώ εἰμι ἡ ἀνάστασις καὶ ἡ ζωή. (Jn 11:25)	εἶπεν – dijo (3ra pers sing) ἀνάστασις – resurrección (nom. sing)
23.	καὶ φωνὴ ἐγένετο ἐκ τῶν οὐρανῶν· σὺ εἶ ὁ υἱός μου ὁ ἀγαπητός, ἐν σοὶ εὐδόκησα. (Mr 1:11)	ἐγένετο - vino εὐδόκησα – tengo complacencia.

24.	δὲ ὁ Ἰησοῦς εἶπεν αὐτοῖς· ἐρωτήσω ὑμᾶς κἀγὼ λόγον ἕνα (Mt 21:24)	εἶπεν – dijo (3ra pers sing) ἐρωτήσω – preguntaré κἀγὼ - (καὶ ἐγω) ἕνα – una (ac. masc. sing)
25.	ἐγὼ γάρ εἰμι πρεσβύτης καὶ ἡ γυνή μου προβεβηκυῖα ἐν ταῖς ἡμέραις αὐτῆς. (Lc 1:18)	πρεσβύτης – anciano (nom. masc. sing.) γυνή – mujer (nom. fem. sing.) προβεβηκυῖα – avanzada (nom. fem. sing.)
26.	ὁ κόσμος οὐ θεωρεῖ αὐτὸ οὐδὲ γινώσκει, ἀλλὰ ὑμεῖς γινώσκετε αὐτό. (Jn 14:17)	θεωρεῖ - ve, observa (3ra per. sing.)
27.	ἀμὴν ἀμὴν λέγω ὑμῖν ὅτι πᾶς ὁ ποιῶν τὴν ἁμαρτίαν δοῦλός ἐστιν τῆς ἁμαρτίας. (Jn 8:34)	πᾶς ὁ ποιῶν – todo aquel que hace
28.	ἀμὴν ἀμὴν λέγω ὑμῖν ὅτι ἔρχεται ὥρα καὶ νῦν ἐστιν ὅτε οἱ νεκροὶ ἀκούσουσιν τῆς φωνῆς τοῦ υἱοῦ τοῦ θεοῦ. (Jn 5:25)	ὅτε – cuando ἀκούσουσιν (futuro de ἀκουω)
29.	Ὅταν δὲ ἔλθῃ ὁ υἱὸς τοῦ ἀνθρώπου ἐν τῇ δόξῃ αὐτοῦ καὶ πάντες οἱ ἄγγελοι μετ᾽ αὐτοῦ, τότε καθίσει ἐπὶ θρόνου δόξης αὐτοῦ. (Mt 25:31)	Ὅταν – cuando ἔλθῃ - venga (3ra per. sing.) πάντες – todos (nom. masc. pl) τότε – entonces καθίσει – se sentará θρόνος, -ου, ὁ - trono

Practique leer una historia

Traduzca la siguiente historia. Lea las notas que aparecen al final de la página para obtener ayuda adicional.

Η ΣΟΦΙΑ ΤΟΥ ΑΝΘΡΩΠΟΥ ΟΥ ΓΙΝΩΣΚΕΙ ΤΗΝ ΣΟΦΙΑΝ ΤΟΥ ΘΕΟΥ

Ἐν ταῖς ἁγίαις γραφαῖς γεγράμμεναι[1] ὑπὸ τοῦ θεοῦ ἡμῶν διὰ τῶν προφήτων αὐτοῦ, ὁ θεὸς λέγει ὑμῖν περὶ τοῦ Χριστοῦ· οὗτος[2] ἐστιν σωφία τοῦ θεοῦ καὶ γίνωσκει ἀλήθειαν. οἱ γὰρ ὀφθαλμοὶ αὐτοῦ βλέπει τὸν θεὸν τὸν[3] ἐν τοὶς οὐρανοῖς μετὰ ἀγγέλων αὐτοῦ ἐν δόξᾳ. οἱ δὲ πιστοὶ προφῆται λέγουσιν ὑμῖν καὶ οἱ υἱοὶ τῆς βασιλείας πιστεύουσιν αὐτῶν τὰς φωνὰς ὅτι αἱ φωναὶ αὐτῶν εἰσὶν σωφία παρὰ τοῦ θεοῦ καὶ ζωὴ εἰς τοὺς δοῦλους τοῦ κυρίου, θεοῦ ἡμῶν.

Εἰ ὑμεῖς πιστεύετε, σώζεσθε, εἰ δέ οὐ πιστεύετε ἡ ζωὴ καὶ εἰρήνη τῆς ἐκκλησίας ὑμῶν ἀπέρχονται ἀπὸ ὑμῶν. ὑμῖν οἱ μαθήται τῆς ἐκκλησίας εὐαγγελίζονται. ἡ σοφία τοῦ θεοῦ περὶ ὑμῖν ἐστὶν καὶ ἐγείρει ὑμᾶς εἰς τὴν ζωὴν, εἰ πιστεύετε. εἰ δὲ οὐ πιστεύετε διὰ τὰς ἁμαρτίας τὰς ἐν ταὶς καρδίαις ὑμῶν, καὶ εἰ λέγετε· ἡμεῖς ἐσμὲν ἀγαθοὶ καὶ δικαίοι καὶ ἀπερχόμεθα ἀπὸ ἁμαρτίας, ἐγὼ λέγω ὑμῖν ὅτι ὁ ἐμὸς κύριος κρίνει ὑμᾶς.

Ὁ κύριος τῶν δαιμονίων ἔρχεται ἐν τῇ σοφίᾳ τοῦ ἀνθρώπου. οἱ δοῦλοι αὐτõυ πιστεύουσιν εἰς ψευδόχριστον[4]. τυφλοὶ καὶ πονηροὶ εἰσὶν. ἀμὴν αἱ ὁδοὶ αὐτοῦ ὁδοὶ θανάτου. φόβος, θάνατος, καὶ τὰ κακὰ εἰσὶν ἐν τῇ οἰκίᾳ αὐτοῦ. οὐδὲ τέκνα ἀνθρώπου ἐπὶ τὴν γῆν οὐδὲ ἀγγέλοι ἐν οὐρανοὶ ἐν δυνάμει[5] αὐτῶν σώζονται ἀπὸ τῶν ἔργων τῶν κακῶν αὐτοῦ.

Notas

[1] γεγράμμεναι	escrita (fem. nom. pl.)
[2] οὗτος	él (este)
[3] τὸν	El artículo indica que el sintagma preposicional funciona como un adjetivo y puede traducirse como «quien está».

[4] ψευδόχριστος, ·ου, ὁ	falso cristo
[5] δυνάμει	poder (dat. fem. sing.)

Mi traducción

Unidad 10. Otras funciones de αὐτός

Practique escribir en griego

Traduzca al griego las siguientes oraciones en español. Use el caso adecuado para los complementos de las preposiciones griegas. Recuerde que cuando αὐτος funciona como adjetivo debe concordar con el sustantivo que modifica.

1.	en el mismo lugar
2.	junto con sus (de él) discípulos
3.	en la misma hora
4.	de la propia muerte
5.	por medio del profeta mismo
6.	por las mismas palabras
7.	Yo mismo creo el mismo evangelio.
8.	La propia alma tiene vida.
9.	El rostro de ella (su rostro) está en su cabeza.
10.	Los apóstoles están diciendo las mismas cosas.

Practique leer expresiones sencillas en griego

Traduzca al griego las siguientes expresiones y oraciones en español. Verifique la puntuación para determinar si la oración es una afirmación o una pregunta.

11.	παρὰ τὴν θάλασσαν αὐτήν
12.	περὶ τῆς ἐντολῆς αὐτοῦ
13.	ταῖς γλώσσαις αὐτῶν
14.	εἰς τὰ πρόσωπα τὰ αὐτὰ
15.	διὰ τῶν προφητῶν αὐτῶν
16.	λέγετε τὰ αὐτά.
17.	σὺ ἔχεις τὴν αὐτὴν ψυχήν.
18.	αὐτὴ μένει ἐν τῷ πλοίῳ.
19.	αὐτοὶ ὑμεῖς ἐγείρεσθε.
20.	τὰ τέκνα αὐτῆς πίπτουσιν ἐπὶ τὰ πρόσωπα αὐτῶν.

Practique leer oraciones en griego

Traduzca cada una de las siguientes oraciones. Verifique la puntuación para determinar si la oración es una afirmación o una pregunta.

21.	λέγουσιν αἱ γλῶσσαι τῶν νεκρῶν άνθρώπων τοὺς αύτοὺς λόγους ὡς δαιμόνια.
22.	αύτοὶ γινώσκετε τὰς δικαίας έντολὰς τοῦ κυρίου αύτῶν.
23.	ἡμεῖς βλέπομεν τὰς δύο κεφαλὰς τῆς έκκλησίας έν τοῖς ναοῖς αύτῶν.
24.	οἱ αύτοὶ δοῦλοι οἱ πονηροὶ τῆς ἁμαρτίας πιστεύουσιν τὰ αῦτα.
25.	είσέρχεται ἡ δικαιοσύνη τοῦ θεοῦ είς τὰς ψυχὰς ὑμῶν καὶ μένει έν ὑμῖν ἕως ὁ Ἰησοῦς ἔρχεται.
26.	τὰ πιστὰ τέκνα τῆς βασιλείας τοῦ Χριστοῦ πάλιν γράφουσιν τὰ αύτὰ ὅλῳ τῷ κόσμῳ.
27.	αύτοὶ ἡμεῖς πορευόμεθα είς τοὺς ούρανοὺς καὶ έκεὶ πίπτομεν έπὶ τὰ πρόσωπα ἡμῶν ἔμπροσθεν[14] τοῦ υἱοῦ τοῦ θεοῦ αύτοῦ.

[14] ἔμπροσθεν «ante» o «en presencia de» – preposición con complemento en caso genitivo

28.	οἱ αὐτοὶ ἀδελφοὶ ἔχουσιν τὴν αὐτὴν ἀγάπην ὡς οἱ ἀπόστολοι, τῷ γὰρ σαββάτῳ εἰσέρχονται εἰς τὰς οἰκίας τῶν κακῶν καὶ σώζουσιν αὐτοὺς.
29.	αἱ ἡμέραι τῆς δόξης καὶ εἰρήνης προσέρχουσιν καγὼ ἀκούω τὴν φῶνην αὐτῶν καὶ βλέπω τὸν πρόσωπον αὐτῶν· ἐγὼ γὰρ οὔκ εἰμὶ τυφλὸς, γὰρ καὶ εὐαγγελίζομαι.
30.	γίνεται μαθητὴς ὡς ὁ κὺριος αὐτοῦ, κρίνει γὰρ τοὺς αὐτοὺς ἀγγέλους οὓς[15] ὁ κύριος αὐτοῦ κρίνει, καὶ ἐξέρχεται ἐπὶ τὴν αὐτὴν ὁδὸν ἐπὶ ἥν[16] ὁ κύριος αὐτοῦ ἐξέρχεται.

Practique leer el Nuevo Testamento

Las siguientes oraciones están tomadas de los versículos que se indican. Hemos realizado algunas modificaciones. Intente traducir las oraciones sin mirar los pasajes. Luego, verifique su traducción consultando una versión literal como la Biblia de las Américas.

31.	διὰ τὰ ἔργα αὐτὰ πιστεύετε. (Jn 14:11)	
32.	οὐδὲ φοβῇ σὺ τὸν θεόν, ὅτι ἐν τῷ αὐτῷ κρίματι εἶ; (Lc 23:40)	φοβῇ - temes κρίματι - condenación (neut. dat. sing)
33.	σὺ δὲ ὁ αὐτὸς εἶ καὶ τὰ ἔτη σου οὐκ ἐκλείψουσιν. (Heb 1:12)	ἔτη – años (neut. ac. pl) ἐκλείψουσιν – acabarán, tendrán fin (3ra per. pl.)

[15] οὓς «que», «cuales» – pronombre relativo masc. ac. pl.

[16] ἥν «que», «cual» – pronombre relativo fem. ac. sing.

34.	καὶ διαιρέσεις διακονιῶν εἰσιν, καὶ ὁ αὐτὸς κύριος. (1Co 12:5)	διαιρέσεις – diversidades (nom. pl) διακονια, -ας, ἡ - ministerio
35.	αὐτὸς γὰρ ὁ πατὴρ φιλεῖ ὑμᾶς, ὅτι ὑμεῖς ἐμὲ πεφιλήκατε. (Jn 16:27)	πατὴρ – padre (nom. sing) φιλεῖ - ama (3ra per. sing.) πεφιλήκατε –han amado
36.	Ἰησοῦς Χριστὸς ἐχθὲς καὶ σήμερον ὁ αὐτὸς καὶ εἰς τοὺς αἰῶνας.[17] (Heb 13:8)	ἐχθὲς - ayer σήμερον - hoy εἰς τοὺς αἰῶνας – por los siglos
37.	πάλιν προσηύξατο ἐκ τρίτου τὸν αὐτὸν λόγον. (Mt 26:44)	προσηύξατο – oró τρίτος, -η, -ον – tercero/a
38.	αὐτὸς γὰρ Δαυὶδ λέγει ἐν βίβλῳ ψαλμῶν· εἶπεν κύριος τῷ κυρίῳ μου κάθου ἐκ δεξιῶν μου. (Lc 20:42)	Δαυὶδ - David ψαλμος, -ου, ὁ - salmo εἶπεν – dijo (3ra per. sing) κάθου – sentaos, siéntense (imperativo) δεξιος, -η, -ον – diestra
39.	αὐτὸς γὰρ Ἰησοῦς ἐμαρτύρησεν ὅτι προφήτης ἐν τῇ ἰδίᾳ πατρίδι τιμὴν οὐκ ἔχει. (Jn 4:44)	ἐμαρτύρησεν – dio testimonio ἰδίᾳ - propio/a, de uno mismo πατρίδι – tierra (patria) (dat. sing.) τιμή, -ῆς, ἡ - honra

[17] Ayuda: Tendrá que añadir un verbo.

Practique leer una historia

Traduzca la siguiente historia. Lea las notas que aparecen al final de la página para obtener ayuda adicional.

ΛΕΓΟΝΤΕΣ[1] ΤΩ ΙΗΣΟΥ ΕΝ ΤΩ ΠΛΟΙΩ

Δύο τῶν μαθητῶν πορεύονται μετὰ Ἰησοῦ είς τὴν θάλασσαν Γαλιλαίας[2]. ἐκεῖ αύτοὶ βλέπουσιν τὸ πλοῖον αύτοῦ καὶ είσέρχονται είς αὐτό. ἐπερωτῶσιν[3] δὲ αὐτὸν, ὁ υἱὸς τοῦ θεοῦ εἶ σὺ; ὁ δὲ άποκρίνεται καὶ λέγει αὐτοῖς, εἰ πιστεύετε, σώζεσθε ἀπὸ τῶν ἁμαρτιῶν ὑμῶν, λέγει γὰρ ἡ αὐτὴ γλῶσσα ὑμῖν ἣ[4] λέγει τῷ θεῷ ἐν οὐρανῶν. ὑμεῖς γινώσκετε ὅτι τοιοῦτοι[5] λόγοι οὐκ ἐξέρχονται ἐκ τῶν ἀνθρώπων τῶν ἐπὶ γῆν ἀλλὰ ἐκ τοῦ θεοῦ τοῦ ἐν οὐρανῶν. εἰ μένετε ἐν ἐμοί, οἱ ἐμοὶ λόγοι μένουσιν ἐν ὑμῖν καὶ ἔχετε τὴν αὐτὴν δικαιοσύνην ἣν[6] οἱ ἅγιοι προφῆται ἔχουσιν. ἐπὶ τὰς κεφαλὰς ὑμῶν στέφανοι[7] τῆς δικαιοσύνης. ἐγείρονται οὖν αἱ ψυχαὶ ὑμῶν εἰς τὴν ζωὴν. τοιαῦτη ἀλήθεια γράφεται ἐπὶ τῶν καρδίων ὑμῶν.

Νῦν οἱ δύο μαθηταὶ ἔρχονται εἰς γὴν καὶ ἀπέρχονται ἀπὸ τοῦ πλοίου. οἱ αὐτοὶ μαθηταὶ πίπτουσιν ἔμπροσθεν[8] Χριστοῦ ἐπὶ γῆς. γινώσκουσιν τὰς ἐντολὰς τοῦ κυρίου καὶ πιστεύουσιν ὅτι αὐτὸς ἐστὶν ὁ κύριος τῆς δόξης. λέγουσιν δὲ τῷ Ἰησοῦ, ἕως νῦν οἱ ἀγαπητοὶ ἀποστόλοι σοῦ γράφουσιν περὶ σοῦ ἐν τοῖς βιβλίοις αὐτῶν. ἀναγινώσκομεν[9] τοὺς αὐτοὺς βιβλίους καὶ νῦν πιστεύομεν τõις ἀποστόλοις αὐτοῖς, λόγους γὰρ τῆς ζωῆς καὶ εἰρήνης γράφουσιν ταῖς ἐκκλησίαις. ἀμὴν ἐν ταῖς γραφαῖς αὐτῶν οἱ ὀφθαλμοὶ ἡμῶν βλέπουσιν τὸν Ἰησοῦν αὐτὸν.

Notas

[1] λέγοντες	hablando
[2] Γαλιλαία, ας, ἡ	Galilea
[3] ἐπερωτῶσιν	preguntan

[4] ἥ	que, cual
[5] τοιοῦτος, -η, -ον	tal
[6] ἥν	que, cual

[7] στέφανος, -ου, ὁ	corona
[8] ἔμπροσθεν	ante, delante de
[9] ἀναγινώσκω	leo

Mi traducción

Unidad 11. Verbos contractos – Presente de indicativo

Análisis morfológico

Analice y traduzca los siguientes verbos agregando los pronombres personales que correspondan.

<table>
<tr><th></th><th>Tiempo</th><th>Voz</th><th>Modo</th><th>Persona</th><th>Número</th><th>Lema</th><th>Traducción</th></tr>
<tr><td>ποιεῖ</td><td rowspan="19">Presente</td><td></td><td rowspan="19">Indicativo</td><td></td><td></td><td></td><td></td></tr>
<tr><td>καλεῖται.</td><td></td><td></td><td></td><td></td><td></td></tr>
<tr><td>ζητοῦσιν</td><td></td><td></td><td></td><td></td><td></td></tr>
<tr><td>περιπατεῖς</td><td></td><td></td><td></td><td></td><td></td></tr>
<tr><td>ποιῶ</td><td></td><td></td><td></td><td></td><td></td></tr>
<tr><td>αἰτεῖσθε</td><td></td><td></td><td></td><td></td><td></td></tr>
<tr><td>ἀκολουθοῦσιν</td><td></td><td></td><td></td><td></td><td></td></tr>
<tr><td>ἀγαπῶμεν</td><td></td><td></td><td></td><td></td><td></td></tr>
<tr><td>ποιοῦνται</td><td></td><td></td><td></td><td></td><td></td></tr>
<tr><td>ζητεῖτε</td><td></td><td></td><td></td><td></td><td></td></tr>
<tr><td>γεννᾶται</td><td></td><td></td><td></td><td></td><td></td></tr>
<tr><td>ἀγαπᾷ</td><td></td><td></td><td></td><td></td><td></td></tr>
<tr><td>μαρτυροῦμεν</td><td></td><td></td><td></td><td></td><td></td></tr>
<tr><td>ἀγαπῶμαι</td><td></td><td></td><td></td><td></td><td></td></tr>
<tr><td>ζῇ</td><td></td><td></td><td></td><td></td><td></td></tr>
<tr><td>καλοῦμαι</td><td></td><td></td><td></td><td></td><td></td></tr>
<tr><td>ζῶμεν</td><td></td><td></td><td></td><td></td><td></td></tr>
<tr><td>τηροῦμεν</td><td></td><td></td><td></td><td></td><td></td></tr>
<tr><td>περιπατεῖτε</td><td></td><td></td><td></td><td></td><td></td></tr>
</table>

Practique escribir en griego

Traduzca al griego las siguientes oraciones en español agregando los pronombres personales que correspondan. Utilice la puntuación adecuada para las preguntas.

1.	Tú estás llamando al profeta.
2.	Los esclavos siguen a Jesús.
3.	Ustedes le están hablando al profeta.
4.	Estamos caminando hacia el mar.
5.	Tú estás dando testimonio de Cristo.
6.	Amamos a Dios.
7.	Estoy haciendo buenas obras.
8.	Jesús está naciendo.
9.	Los profetas están siendo llamados.
10.	Guardamos sus mandamientos (los mandamientos de él).

Practique leer oraciones en griego

Traduzca cada una de las siguientes oraciones. Verifique la puntuación para determinar si la oración es una afirmación o una pregunta.

11.	οἱ δύο μαθηταὶ ποιοῦσιν τὰ ἔργα τοῦ κυρίου ἐκ τῶν ψυχῶν αὐτῶν.
12.	ἀμὴν λαλῶ ὑμῖν, ζῆτε ἐν ἁμαριταις ὑμῶν καὶ μένετε ἐν θανάτῳ.
13.	αὐτοὶ ἡμεῖς τηροῦμεν τὸν νόμον τοῦ θεοῦ ἐν ὅλῃ τῇ καρδίᾳ.
14.	οἱ πιστοὶ ἀδελφοὶ μου καλοῦνται δοῦλους[18] τῆς ἀλήθειας ὑπὸ παιδίων.
15.	πάλιν αἰτοῦσιν οἱ ἅγιοι προφήται τὸν Πέτρον τῷ βιβίλῳ ζωῆς.
16.	ποιῶ τὰ αὐτὰ ἐν τῇ δίκαιᾳ ἐκκλησίᾳ, γινώσκω γὰρ ὅτι ἡ βαισιλεία τοῦ θεοῦ γεννᾶτο ἐν αὐτῇ.
17.	ὁ πονηρὸς ἀπόστολος οὐ τηρεῖ τὸ σάββατον οὐδὲ φοβεῖται θεὸν, καὶ οὖν οὐκ ἀκολουθεῖ τὴν ὁδὸν εἰρήνης.

[18] Los verbos en voz pasiva no tienen complementos directos. Este uso acusativo recibe el nombre de complemento conservado. Véase la unidad 12.

18.	ὁ δὲ Ἰησους καὶ οἱ μαθηταὶ αὐτοῦ περιπατοῦσιν παρὰ τὴν θάλασσαν, ὁ δὲ ὄχλος ἀκολουθεῖ καὶ ζητοῦσιν αὐτὸν.
19.	σὺ αἰτεῖς ἄλλα τέκνα περὶ τοῦ ναοῦ θεοῦ καὶ μαρτυροῦσιν ὅτι ἕως νῦν πιστεύουσιν εἰς τὸν Ἰησοῦν τὸν υἱὸν τοῦ θεοῦ.
20.	ὁ τυφλὸς λαλεῖ τῷ Ἰωάννῃ καὶ αἰτεῖ· ἀγαπᾷς τοὺς ἀγγέλους τῶν οὐρανῶν ἤ ἀγαπᾷς τὰ δαιμόνια τοῦ κόσμου;

Practique leer el Nuevo Testamento

Las siguientes oraciones están tomadas de los versículos que se indican. Hemos realizado algunas modificaciones. Intente traducir las oraciones sin mirar los pasajes. Luego, verifique su traducción consultando una versión literal como la Biblia de las Américas.

21.	τὰ γὰρ ἔργα αὐτῶν ἀκολουθεῖ μετ' αὐτῶν. (Ap 14:13)	
22.	καὶ τὴν δόξαν τὴν παρὰ τοῦ μόνου θεοῦ οὐ ζητεῖτε; (Jn 5:44)	
23.	λέγει αὐτῷ ὁ Ἰησοῦς· πορεύου, ὁ υἱός σου ζῇ. (Jn 4:50)	πορεύου – ve, id (imperativo)
24.	τούτῳ πάντες οἱ προφῆται μαρτυροῦσιν. (Hch 10:43)	τούτῳ - de este πάντες – todos (nom. masc. pl.)

25.	σὺ ἄνθρωπος ὢν ποιεῖς σεαυτὸν θεόν. (Jn 10:33)	ὢν – siendo (participio de presente activo, nom. masc. sing.)
26.	ἀλλὰ λαλοῦμεν θεοῦ σοφίαν ἐν μυστηρίῳ. (1Co 2:7)	μυστήριον, ου, τό - misterio
27.	Χριστῷ συνεσταύρωμαι, ζῶ δὲ οὐκέτι ἐγώ, ζῇ δὲ ἐν ἐμοὶ Χριστός. (Gá 2:20)	οὐκέτι – ya no συνεσταύρωμαι – estoy crucificado con
28.	νῦν δὲ ζητεῖτέ με ἀποκτεῖναι ἄνθρωπον ὃς τὴν ἀλήθειαν ὑμῖν λελάληκα. (Jn 8:40)	ἀποκτεῖναι – matar λελάληκα – ha hablado (3ra per. sing.)
29.	ἡμεῖς οἴδαμεν ὅτι μεταβεβήκαμεν ἐκ τοῦ θανάτου εἰς τὴν ζωήν, ὅτι ἀγαπῶμεν τοὺς ἀδελφούς. (1Jn 3:14)	μεταβεβήκαμεν – hemos pasado
30.	ἐν τούτῳ γινώσκομεν ὅτι ἀγαπῶμεν τὰ τέκνα τοῦ θεοῦ, ὅταν τὸν θεὸν ἀγαπῶμεν καὶ τὰς ἐντολὰς αὐτοῦ ποιῶμεν. (1Jn 5:2)	τούτῳ - esto (dat. neut. sing.) ὅταν – cuando

Practique leer una historia

Traduzca la siguiente historia. Lea las notas que aparecen al final de la página para obtener ayuda adicional.

ΙΗΣΟΥΣ ΚΑΛΕΙ ΔΥΟ ΜΑΘΗΤΑΣ

Είσέρχεται δὲ ὁ Ἰησουῦ είς τὴν Γαλιλαίαν[1] καὶ περιπατεῖ παρὰ τὴν θάλασσαν Γαλιλαίας καὶ βλέπει τοὺς δύο ἁλιεῖς[2] έν τῷ πλοίῳ αύτῶν. όνόματα[3] αύτοῖς[4] Ἰωάννης καὶ Πέτρος. καλεῖ δὲ αύτοῖς καὶ άκολουθοῦσιν αύτῷ. εύαγγελίζεται αύτοῖς τὸν εύαγγέλιον τῆς βασιλείας καὶ λέγει, μαρτυρῶ ὑμιῖν τῇ ἡμέρᾳ αύτῇ ὅτι άκούετε τοῦ υἱοῦ τοῦ θεοῦ καὶ οἱ άγγέλοι αύτου ἀπέρχονται άπὸ τῶν ούρανῶν αύτῷ. εί άγαπᾶτε αύτὸν καὶ τηρεῖτε τὰς δίκαιας έντολὰς αύτου, τὰ όνόματα ὑμῶν γράφονται έν τῷ βιβλίῳ τῆς ζωῆς. ἡ δικαιοσύνη καὶ είρήνη αύτου είσὶν ὑμῖν.

Οἱ δὲ άποκρίνονται κὰι λέγουσιν αύτῷ, σὺ βάπτιζεις τοὺς μαθητὰς σοῦ έν τῷ αύτῷ τόπῳ οὗ[5] ὁ Ἰωάννης βάπτιζει; γινώκομεν γὰρ ὅτι ὡς αύτὸς παρὰ θεοῦ συ εἶ. όφθαλμοῖς γὰρ ἡμῶν βλέπομεν καὶ καρδίαις ἡμῶν πιστεύομεν τοὺς λόγους σοῦ. μένομεν οὖν μετὰ σοῦ καὶ ού φοβοῦμεν τοὺς δοῦλους τοῦ πονηροῦ. γεννῶμεθα παρὰ ούρανῶν ὡς τέκνα τῆς άλήθειας καὶ ζῶμεν μετὰ τῶν ἁγίων έν δόξῃ.

Ὁ δὲ Ἰησοῦς λέγει, εί ἄνθρωπος ποιεῖ τὰ ἔργα έμοῦ καὶ ζητεῖ έμὲ, άμὴν έστὶν άπόστολος άγαπητὸς μου καὶ άπέρχεται άπὸ θανάτου είς τὴν ζωὴν. έγὼ έγείρω αύτὸν πρὸς τὴν δόξην κὰι βλέπει τὸν κύριον τῆς δόξης. αίτεῖ είρήνην καὶ ἔχει αύτην.

Notas

[1] Γαλιλαία, -ας, ἡ	Galilea
[2] ἁλιεῖς	pescadores (ac. masc. pl.)
[3] όνόματα	nombres (nom. neut. pl.)

[4] αύτοῖς	El dativo suele usarse con ὄναμα en un sentido posesivo
[5] οὗ	donde

Mi traducción

Unidad 12. Pronombres demostrativos

Análisis morfológico

Analice la forma de los siguientes pronombres demostrativos. Incluya todas las opciones posibles.

	Caso	Número	Género
ταύτης			
ἐκείνῳ			
ταῦτα			
οὗτοι			
ἐκεῖνο			
αὕτη			
ἐκείνης			
ταύτῃ			
αὗται			
ταύτας			
ἐκείνους			
τούτων			
ἐκεῖνος			
τοῦτον			
τούτῳ			
ἐκεῖνα			
ἐκείνην			
ταύτην			
ἐκεῖνον			
οὗτος			

Practique escribir en griego

Traduzca al griego las siguientes oraciones en español. Use la puntuación correcta para las preguntas.

1.	sobre este trono (dativo)
2.	a causa de estas señales
3.	junto a este templo (acusativo)
4.	en esa sinagoga
5.	desde este comienzo
6.	Estos profetas gobiernan el mundo.
7.	Vemos estas señales.
8.	¿Están (ustedes) siendo bautizados por esos hombres?
9.	Pablo está glorificando a ese hermano.
10.	Este envía a su siervo a ese templo.

Practique leer oraciones en griego

Traduzca cada una de las siguientes oraciones. Verifique la puntuación para determinar si la oración es una afirmación o una pregunta.

11.	οὗτος γίνωσκει ὅτε ὁ υἱὸς τοῦ ἀνθρώπου ἔρχεται.
12.	οἱ προφῆται οὗτοι ἀποστέλλονται ὑπὸ τοῦ κυρίου πρὸς τὸ ἱερὸν.
13.	διὰ ταῦτα τὰ σημεῖα ὅλος ὁ ὀχλος ἐν τῇ συναγωγῇ πιστεύει εἰς αὐτὸν.
14.	ἐπὶ τὸν θρόνον δόξης αὐτοῦ ἐστὶν ὁ θεὸς καὶ ἄρχει ἐν οὗτῳ τῷ κόσμῳ ἐν δικαιοσύνῃ.
15.	αὕτη ἡ ἡμέρα ὅτε ὁ θεος ὁ ἐπὶ τον θρονον ἐν τοῖς οὐρανοῖς κρίνει τοῦτον τὸν κακὸν κόσμον.
16.	ὁ Παῦλος λαλεῖ ταῦτα ἐν τῷ ἱερῷ ἀλλὰ τὰ κακὰ τέκνα ἐκεῖνα οὐκ ἀκούεται τοὺς λόγους αὐτοῦ.
17.	οἱ τυφλοι ἔτι ἐν ταῖς ἁμαρτίαις αὐτῶν οὐ βλέπουσιν τὴν ἀρχὴν τοῦ ἔργου τοῦ θεοῦ καὶ οὐ δοξάζουσιν τὸν κύριον τῆς εἰρήνης.

18.	ἡμεῖς γινώσκομεν ὅτε ἐκεῖνος ἔρχεται καὶ ἐκ τῆς ἀρχῆς οἱ ἁγίοι δοῦλοι αὐτοῦ γράφουσιν περὶ τοῦ αὐτοῦ.
19.	ἀγαπῶσι δὲ οἱ ἀγαθοῖ ἀποστόλοι ἐκεῖνοι τὰς ἐκκλησίας τοῦ Χριστοῦ περιπατοῦσιν γὰρ ἐν τῇ ἀλήθειᾳ αὐτοῦ ὅτε τοὺς ἀδελφοὺς ἀγαπῶσιν.
20.	ἐκεῖνο τὸ καλὸν παιδίον ζῇ παρὰ τῃ θαλασσῃ καὶ οὐ φοβεῖται ἐκεῖνα τα δαιμόνια τὰ ἐν τῷ ἱερῷ τοῦ θανάτου.

Practique leer el Nuevo Testamento

Las siguientes oraciones están tomadas de los versículos que se indican. Hemos realizado algunas modificaciones. Intente traducir las oraciones sin mirar los pasajes. Luego, verifique su traducción consultando una versión literal como la Biblia de las Américas.

21.	καὶ ταύτην τὴν ἐντολὴν ἔχομεν ἀπ' αὐτοῦ. (1Jn 4:21)	
22.	Τοῦτο γὰρ ὑμῖν λέγομεν ἐν λόγῳ κυρίου. (1Ts 4:15)	
23.	ταῦτα μαρτυρεῖ περὶ ἐμοῦ. (Jn 10:25)	
24.	τούτῳ πάντες οἱ προφῆται μαρτυροῦσιν. (Hch 10:43)	πάντες – todos (nom. masc. pl.)

25.	Μὴ κατὰ ἄνθρωπον ταῦτα λαλῶ ἢ καὶ ὁ νόμος ταῦτα οὐ λέγει; (1Co. 9:8)	Μὴ - no (en una pregunta) κατὰ - según
26.	ἥξει ὁ κύριος τοῦ δούλου ἐκείνου ἐν ὥρᾳ ᾗ οὐ γινώσκει. (Mt 24:50)	ἥξει – vendrá (3ra pers. sg.) ᾗ - que (pronombre relativo)
27.	ἀληθῶς ἐν τούτῳ ἡ ἀγάπη τοῦ θεοῦ τετελείωται, ἐν τούτῳ γινώσκομεν ὅτι ἐν αὐτῷ ἐσμεν. (1Jn 2:5)	ἀληθῶς – verdaderamente τετελείωται – ha sido perfeccionado (3ra pers. sing.)
28.	διὰ ταῦτα γὰρ ἔρχεται ἡ ὀργὴ τοῦ θεοῦ ἐπὶ τοὺς υἱοὺς τῆς ἀπειθείας. (Ef 5:6)	ὀργή, -ῆς, ἡ - ira ἀπείθεια , -ας, ἡ - desobediencia
29.	μετὰ δὲ πολὺν χρόνον ἔρχεται ὁ κύριος τῶν δούλων ἐκείνων καὶ συναίρει λόγον μετ' αὐτῶν. (Mt 25:19)	πολὺν – mucho χρόνος, -ου, ὁ - tiempo συναίρει λόγον – arregla cuentas
30.	ὅστις ἀκούει μου τοὺς λόγους τούτους καὶ ποιεῖ αὐτούς, ὁμοιωθήσεται ἀνδρὶ φρονίμῳ. (Mt 7:24)	ὅστις – cualquiera (nom. masc. sg.) ὁμοιωθήσεται – será comparado ἀνδρὶ - un hombre (dat. masc. sg.) φρονίμῳ - prudente (dat. masc. sg)

Practique leer una historia

Traduzca la siguiente historia. Lea las notas que aparecen al final de la página para obtener ayuda adicional.

ΤΩ ΣΑΒΒΑΤΩ ΕΝ ΤΗ ΣΥΝΑΓΩΓΗ ΕΝ ΚΑΦΑΡΝΑΟΥΜ[1]

Τῷ δὲ σαββάτῳ ἐκείνῳ ὁ Ἰησοῦς καὶ δύο τῶν μαθητῶν αὐτοῦ εἰσέρχονται ἐν τῇ συναγωγῇ ἐν Καφαρναοὺμ[1] καὶ ἀναγινώσκει[2] ἐκ τοῦ βιβλίου τοῦ νόμου τούτους τοὺς λόγους τῶν προφητῶν·

Ὁ κύριος ἐπὶ τὸν θρόνον αὐτοῦ ἐν δόξῃ ἐστὶν. λαλεῖ ἐκείνοις ἐπὶ τὴν γῆν· ἐγὼ ποιῶ μεγάλα[3] σημεια ἐν ταύταις ἡμέραις, βλέπουσιν γὰρ οἱ τυφλοῖ καὶ ἐγείρονται εἰς ζωὴν οἱ νεκροῖ. τὸν δοῦλον τὸν δίκαιον ἐμοῦ ἀποστέλλω πρὸ[4] προσώπου σου. οὗτος δοξάζεται ὑπὸ τῶν ἁγίων ἀγγέλων καὶ πιστεύεται ἐν τῷ κόσμῳ. ἄρχει αὐτὸς ἐν τῷ ἱερῷ μου καὶ ὅτε λαλεῖ, σοφιὰ καὶ ἀλήθεια ἀκολουθοῦσιν αὐτῷ.

Ἐκεῖνοι δὲ ἐν τῇ συναγωγῇ γινώσκουσιν ὅτι ὁ Ἰησοῦς λαλεῖ περὶ ἑαυτοῦ καὶ οὐ πιστεύουσιν εἰς αὐτὸν, ἔτι γὰρ ἐν ταῖς ἁμαρτίαις αὐτῶν εἰσίν. ὅλος ὁ ὄχλος πάλιν ἀποκρίνεται καὶ λέγει αὐτῷ, ἀπ' ἀρχῆς οὐκ ἀκήκοαμεν[5] τοιούτους λόγους. πονηρὸς συ εἶ καὶ δαιμόνιον ἔχεις. ταῦτα οὔκ εἰσὶν παρὰ θεοῦ. σὺ οὐ γινώσκεις αὐτὸν οὐδὲ ζῇς εἰς αὐτόν.

Ὁ δὲ Ἰησοῦς ἀποκρίνεται αὐτοῖς καὶ λέγει, οἱ λόγοι οὗτοι οὓς[6] λαλῶ κρίνουσιν ὑμᾶς διὰ τὰς ἁμαρτίας ὑμῶν. οὐ φοβοῦσθε τὸν θεὸν ἤ ἄνθρωπον. λαλοῦσιν δὲ αἱ γραφαὶ αὗται περὶ ἐμοῦ καὶ δικαιοσύνης μου. εἰ οὐ ζητεῖτε ταῦτα, νεκροὶ ὑμεῖς καὶ τυφλοὶ οἱ ὀφθαλμοὶ ὑμῶν.

Notas

[1] Καφαρναούμ	Capernaúm
[2] ἀναγινώσκω	leo
[3] μεγάλα	grande (ac. neut. pl)

[4] πρὸ	delante de (con gen.)
[5] ἀκήκοαμεν	hemos oído
[6] οὓς	que, cual (ac. masc. pl.)

Mi traducción

Unidad 13. Pronombres relativos

Análisis morfológico

Analice las siguientes formas. Incluya todas las opciones posibles. Identifique la parte del discurso (pronombre relativo, artículo, u otro). Es posible que algunas formas no puedan ser analizadas morfológicamente.

	Caso	Número	Género	Parte del discurso	Traducción
οὕς					
ᾗ					
αἱ					
οἵ					
αἷς					
ὅ					
ἥ					
οὑ					
ὅς					
ἥ					
οὗ					
ὁ					
ὧν					
ἅ					
οἱ					
ἧς					
ἡ					
ᾧ					

Practique escribir en griego

Traduzca al griego las siguientes cláusulas en español. Use la palabra entre paréntesis como antecedente. El pronombre relativo debe concordar con este antecedente en género y número. El caso del pronombre relativo debe basarse en la función que desempeña en la cláusula relativa.

Ejemplo

(τεκνον) que conoce a Dios	ὅ γινώσκει τὸν θεὸν

1.	(γραφή) que yo escribo	
2.	(ἐκκλησία) en la que tú permaneces	
3.	(ἄγγελος) a quien Dios envía	
4.	(ἔργα) que nosotros hacemos	
5.	(νόμοι) por los que ellos viven	
6.	(πλοῖον) que ustedes tienen	
7.	(υἱός) por quien hablamos	
8.	(παραβολαί) que oímos	
9.	(ἀδελφοί) a quienes escribes	
10.	(λαός) que gobierna el mundo	

Practique leer oraciones en griego

Traduzca cada una de las siguientes oraciones. Verifique la puntuación para determinar si la oración es una afirmación o una pregunta.

11.	πιστεύω τὴν παραβολὴν ἣν λαλεῖ ὁ Ἰησοῦς τῷ λαῷ.
12.	μακάριοι[19] οἳ ζητοῦσι ποιεῖν (to do) τὰς ἐντολὰς τοῦ θεοῦ.

[19] Ayuda: Este es un adjetivo predicativo. Por tanto, tiene que incluir un verbo adecuado en su traducción.

13.	οἱ ἄλλοι δοῦλοι συνάγουσιν ἐν τῷ οἴκῳ ἐν ᾧ μένει ὁ Ἰωάννης.
14.	φέρομεν σοὶ τὸ δίκαιον τέκνον ὃ τηρεῖ τὸν νόμον τοῦ θεοῦ.
15.	οὔτε ἀποστόλοι οὔτε ἀγγέλοι γινώσκουσιν οὗ ὁ θεὸς μένει.
16.	αἱ γραφαὶ διὰ ὧν ὁ λαὸς σώζεται ἄρχουσιν ἐν ταῖς καρδίαις ὑμῶν.
17.	ἃ ἀκούουσιν οἱ δώδεκα παρὰ τοῦ Ἰησοῦ γράφουσιν ἐν τοῖς εὐαγγελίοις αὐτῶν.
18.	οἱ μαθηταὶ ἀπέρχονται ἐκ τοῦ μακαρίου ἱεροῦ ὅπου ὁ ὄχλος ἀκούει τὸ ἅγιον νόμον.
19.	ὅσοι ἀγαπῶσιν τὸν θεὸν πιστεύουσιν εἰς τὸν υἱὸν αὐτοῦ καὶ ἀκολουθοῦσιν αὐτῷ.
20.	οἱ καλοὶ ἀνθρώποι οἳ φέρουσιν τοὺς τυφλοὺς τῷ κυριῷ ἔχουσιν χαρὰν ἐνώπιον αὐτοῦ.

Practique leer el Nuevo Testamento

Las siguientes oraciones están tomadas de los versículos que se indican. Hemos realizado algunas modificaciones. Intente traducir las oraciones sin mirar los pasajes. Luego, verifique su traducción consultando una versión literal como la Biblia de las Américas.

21.	νῦν δὲ ζητεῖτέ με ἀποκτεῖναι ἄνθρωπον ὃς τὴν ἀλήθειαν ὑμῖν λελάληκα ἣν ἤκουσα παρὰ τοῦ θεοῦ. (Jn 8:40)	ἀποκτεῖναι – matar λελάληκα – he hablado ἤκουσα – oí
22.	τὰ ἔργα ἃ ἐγὼ ποιῶ ἐν τῷ ὀνόματι τοῦ πατρός μου ταῦτα μαρτυρεῖ περὶ ἐμοῦ. (Jn 10:25)	ὀνόματι – nombre (dat. neut. sing.) πατρός – padre (gen. masc. sg.)
23.	ἡμεῖς ἐκ τοῦ θεοῦ ἐσμεν, ὁ γινώσκων τὸν θεὸν ἀκούει ἡμῶν, ὃς οὐκ ἔστιν ἐκ τοῦ θεοῦ οὐκ ἀκούει ἡμῶν. (1Jn 4:6)	ὁ γινώσκων – el que conoce
24.	Καὶ στραφεὶς πρὸς τοὺς μαθητὰς κατ᾽ ἰδίαν εἶπεν· μακάριοι οἱ ὀφθαλμοὶ οἱ βλέποντες ἃ βλέπετε. (Lc 10:23)	στραφεὶς – volviéndose κατ᾽ ἰδίαν – aparte, en privado εἶπεν –dijo οἱ βλέποντες – viendo

25.	Πολλὰ μὲν οὖν καὶ ἄλλα σημεῖα ἐποίησεν ὁ Ἰησοῦς ἐνώπιον τῶν μαθητῶν αὐτοῦ, ἃ οὐκ ἔστιν γεγραμμένα ἐν τῷ βιβλίῳ τούτῳ. (Jn 20:30)	Πολλὰ - muchas (Nom. neut. pl.) μὲν – partícula intraducible ἐποίησεν – hizo (3ra pers. sing.) γεγραμμένα – escritas
26.	οὗτός ἐστιν περὶ οὗ γέγραπται· ἰδοὺ ἐγὼ ἀποστέλλω τὸν ἄγγελόν μου πρὸ προσώπου σου, ὃς κατασκευάσει τὴν ὁδόν σου ἔμπροσθέν σου. (Mt 11:10)	γέγραπται – está escrito ἰδοὺ - he aquí πρὸ - delante de κατασκευάσει – preparará ἔμπροσθέν – delante de (con gen.)
27.	πέπεισμαι γὰρ ὅτι οὔτε θάνατος οὔτε ζωὴ οὔτε ἄγγελοι δυνήσεται ἡμᾶς χωρίσαι ἀπὸ τῆς ἀγάπης τοῦ θεοῦ τῆς[20] ἐν Χριστῷ Ἰησοῦ τῷ κυρίῳ ἡμῶν. (Ro 8:38-39)	πέπεισμαι – estoy persuadido δυνήσεται – podrá χωρίσαι –separar

[20] El artículo se usa aquí para indicar que el sintagma preposicional modifica a ἀγάπης. Es preferible traducirlo como «que es».

Practique leer una historia

Traduzca la siguiente historia. Lea las notas que aparecen al final de la página para obtener ayuda adicional.

ΑΝΘΡΩΠΟΣ ΤΗΣ ΣΑΜΑΡΕΙΑΣ[1] ΠΟΙΕΙ ΤΟ ΕΡΓΟΝ ΤΟΥ ΘΕΟΥ

῾Ο δὲ ᾿Ιησοῦς περιπατεῖ καὶ οἱ δώδεκα μαθηταὶ μετ᾽ αὐτοῦ παρὰ τὴν θάλασσαν Γαλιλαίας[2] καὶ βλέπει λαὸν ὃς ζῇ ἐν ἁμαρτίᾳ. καλεῖ οὖν αὐτοῖς καὶ συνάγει ὄχλος ἐν τῷ τόπῳ ἐκείνῳ οὗ ὁ ᾿Ιωάννης βαπτίζει. ὁ δὲ ᾿Ιησοῦς λαλεῖ ταύτην τὴν παραβολὴν αὐτοῖς.

Γίνεται ἄνθρωπος τυφλὸς ὃς ζῇ ἐν Καφαρναοὺμ[3]. τοὺς δὲ δοῦλους τοῦ ἱεροῦ αἰτεῖ σωζεῖν[4] αὐτὸν, ἀλλ᾽ αὐτοὶ οὐ ποιοῦσιν ὃ αἰτεῖ. αὐτῷ δὲ λέγουσιν· σαββάτον ἐστὶν ἐν ταύτῃ τῇ ἡμέρᾳ καὶ οὐ ποιοῦμεν τοιαῦτα σαββάτῳ. τότε[5] ἐρχέται ἀδελφὸς ἐκ τῆς ἐκκλησίας τοῦ θεοῦ καὶ χαρᾷ ὁ τυφλὸς ἀκολουθεῖ αὐτῷ. αἰτεῖ δὲ καὶ τούτον σωζεῖν[4] αὐτὸν, ἀλλὰ ὁ ἀδελφὸς ἀποκρίνεται καὶ λέγει· πορεύομαι τῷ ἐκκλησίᾳ ὅπου οἱ δύο ἀποστόλοι μαρτυροῦσι τῷ λαῷ περὶ τῆς ἀγάπης κὰι ἀλήθειας. σὲ ἀγαπῶμεν καὶ γινώσκομεν ὅτι σὲ σώζει ὁ θεὸς. ὕστερον[6] ἐρχέται ἄνθρωπος τῆς Σαμαρείας ὅς οὐ ζητεῖ τὸν θεόν. ὁ δὲ βλέπει τὸν τυφλὸν καὶ σώζει αὐτόν.

Λέγει οὖν ὁ ᾿Ιησοῦς, ἀμὴν ἀμὴν λέγω ὑμῖν, μακάριος οὗτος ὁ ἄνθρωπος τῆς Σαμαρείας[1], ποιεῖ γὰρ τὸ ἔργον τοῦ θεοῦ. φέρω αὐτῷ ζωὴν ὅτι ποιεῖ ἅ ἡ καρδία αὐτοῦ πιστεύει. ἀλλὰ τοῖς πονηροῖς δοῦλοις τοῦ ἱεροῦ οἳ βλέπουσιν τὰ σημεῖα μοῦ καὶ οὐ ποιοῦσιν τὸ ἐργον τοῦ θεοῦ καὶ τῷ λαῷ τῆς ἐκκλησίας οἵ ἀκούσουσιν τοὺς λόγους μοῦ καὶ οὐ ποιοῦσιν αὐτοὺς, τούτο λέγω· οὔτε οἵ βλέπουσιν οὔτε οἵ ἀκούσουσιν καὶ οὐ ποιοῦσιν ἐισελεύσονται[7] τὰς βασιλείας μοῦ.

Notas

[1] Σαμαρεία, ἡ	Samaria
[2] Γαλιλαία, ἡ	Galilea
[3] Καφαρναούμ, ἡ	Capernaúm

[4] σωζεῖν	salvar
[5] τότε	entonces
[6] ὕστερον	finalmente

[7] ἐλεύσονται	entrarán (3ra pl.)

Mi traducción

Unidad 14. Imperfecto de indicativo activo y medio

Análisis morfológico

Analice las siguientes formas verbales. Incluya todas las opciones posibles.

	Tiempo	Voz	Modo	Persona	Número	Lema	Traducción
ἐδίδασκεν			Indicativo				
κηρύσσετε							
ἐλαλοῦμεν							
ἐπέμποντο							
ἐπερωτῶ							
ἐπορεύετο							
ἠγαπᾶτε							
ἦσαν							
εἶχες							
ἔβλεπον							
ἔλεγεν							
ἐζήτει							
ἐρχόμεθα							
περιεπάτει							
παρεκάλουν							
ἠγάπα							
ἤθελες							
παρεκαλοῦμεν							
ἦτε							
ᾐτοῦντο							

Practique escribir en griego

Traduzca al griego las siguientes oraciones en español.

1.	Jesús estaba enviando un mensaje (una palabra).
2.	El apóstol estaba proclamando el evangelio.
3.	El esclavo estaba siendo llamado por el hijo.
4.	Estábamos caminando hacia el templo.
5.	Está sentado en el trono.
6.	Ustedes estaban enseñando a los discípulos.
7.	Ellos estaban ofreciendo sus almas.
8.	¿Lo estabas juzgando?
9.	Yo estaba siendo enseñado por el profeta.
10.	Ellos estaban oyendo las palabras de él.

Practique leer oraciones en griego

Traduzca cada una de las siguientes oraciones. Traduzca los verbos en imperfecto según el sentido que se especifica entre paréntesis. Verifique la puntuación para determinar si la oración es una afirmación o una pregunta.

11.	ὁ δὲ Ἰησοῦς ἐκάθητο ἐν τῷ πλοῖῳ καὶ ἐδίδασκεν τοὺς ὄχλους. (Descriptivo)
12.	ἕκαστος τῶν τυφλῶν τέκνων ἐκράτει τὴν κεφαλὴν αὐτοῦ. (Descriptivo)
13.	ἡμεῖς ἐπέμπομεν τοὺς ἀγαπητοὺς μαθητὰς τῇ ἅγιᾳ ἐκκλησίᾳ. (Habitual)
14.	ἰδού, ἐξέρχομαι ἐκ οὐρανῶν σὺν τοῖς δύο ἀγγέλοις μοῦ.
15.	ἐκήρυσσεν δὲ ὁ Ἰωάννης παρὰ τὴν θάλασσαν καὶ ἐβάπτιζεν ἁμαρτωλοὺς ἐν θαλάσσῃ. (Habitual)
16.	ἐγὼ γὰρ προσέφερον τῷ κυρίῳ τὰ παιδία μοῦ ἃ ἔμενον μετὰ μοῦ ἐν τῇ οἰκίᾳ. (Volitivo)
17.	οὗτοι οἱ λογοι εἰρήνης ἐγράφοντο ὑπὸ τοῦ διδασκάλου τῆς δικαιοσύνης. (Iterativo)

18.	ἐκεῖνοι οἱ ἁμαρτωλοὶ ἐπηρώτων τοὺς μαθητὰς αὐτοῦ εἰ ὁ Ἰησους ἦν ὁ υἱὸς τοῦ θεοῦ. (Descriptivo)
19.	οὕτως ἐγράφετο διὰ τοῦ προφήτης ὅτι ὁ υἱὸς τοῦ ἀνθρώπου εἰσήρχετο εἰς τὸν κόσμον. (Iterativo, Descriptivo)
20.	ὁ Πέτρος ὑπῆρχεν διδάσκαλος ἐν τῷ ἱερῷ ὃ καλεῖται τὸν οἶκον τοῦ θεοῦ.

Practique leer el Nuevo Testamento

Las siguientes oraciones están tomadas de los versículos que se indican. Hemos realizado algunas modificaciones. Intente traducir las oraciones sin mirar los pasajes. Luego, verifique su traducción consultando una versión literal como la Biblia de las Américas e identifique cuando la traducción sugiere el uso del imperfecto.

21.	καὶ ἐμβάντες εἰς πλοῖον ἤρχοντο πέραν τῆς θαλάσσης εἰς Καφαρναούμ. (Jn 6:17)	ἐμβάντες – habiendo entrado πέραν – al otro lado Καφαρναούμ, ἡ - Capernaúm
22.	Καὶ ὅτε εἰσῆλθεν εἰς οἶκον ἀπὸ τοῦ ὄχλου, ἐπηρώτων αὐτὸν οἱ μαθηταὶ αὐτοῦ τὴν παραβολήν. (Mr 7:17)	εἰσῆλθεν – entró
23.	ἔλεγον οὖν ἐκ τῶν Φαρισαίων τινές· οὐκ ἔστιν οὗτος παρὰ θεοῦ ὁ ἄνθρωπος, ὅτι τὸ σάββατον οὐ τηρεῖ. (Jn 9:16)	Φαρισαίος, -ου, ὁ - fariseo τινές – ciertos, algunos (nom. masc. pl.)

24.	Ἡ μὲν οὖν ἐκκλησία καθ' ὅλης τῆς Ἰουδαίας[21] καὶ Γαλιλαίας καὶ Σαμαρείας εἶχεν εἰρήνην. (Hch 9:31)	μὲν – partícula intraducible καθ' – por toda (κατὰ)
25.	καὶ ἔλεγεν αὐτοῖς· ὑμῖν τὸ μυστήριον δέδοται τῆς βασιλείας τοῦ θεοῦ· ἐκείνοις δὲ τοῖς[22] ἔξω ἐν παραβολαῖς τὰ πάντα γίνεται, (Mr. 4:11)	μυστήριον, τὸ - misterio δέδοται – ha sido dado ἔξω – fuera (adverbio) πάντα – todas las cosas (nom. pl.)
26.	Οἱ οὖν ἄνθρωποι ἰδόντες ὃ ἐποίησεν σημεῖον ἔλεγον ὅτι οὗτός ἐστιν ἀληθῶς ὁ προφήτης ὁ ἐρχόμενος εἰς τὸν κόσμον. (Jn 6:14)	ἰδόντες – al ver, viendo (nom. masc. pl) ἐποίησεν –hizo ἀληθῶς - verdaderamente ἐρχόμενος – ha de venir
27.	καὶ διὰ τοῦτο ἐδίωκον οἱ Ἰουδαῖοι τὸν Ἰησοῦν, ὅτι ταῦτα ἐποίει ἐν σαββάτῳ. (Jn 5:16)	διώκω – persigo
28.	δὲ πάλιν παρεγένετο εἰς τὸ ἱερὸν καὶ πᾶς ὁ λαὸς ἤρχετο πρὸς αὐτόν, καὶ ἐδίδασκεν αὐτούς. (Jn 8:2)	παρεγένετο – llegó πᾶς - todo (nom. masc. sg)

[21] Pronuncie cada una de las palabras con mayúscula. Son nombres de lugares.

[22] El artículo transforma el adverbio en un sustantivo. Puede traducirse como «que están».

Practique leer una historia

Traduzca la siguiente historia. Traduzca los verbos en tiempo imperfecto de forma que revele bien el uso de los mismos. Lea las notas que aparecen al final de la historia para obtener ayuda adicional.

ΕΒΑΠΤΙΖΕΤΟ Ο ΙΗΣΟΥΣ ΥΠΟ ΙΩΑΝΝΗΣ

῾Ο δὲ ᾽Ιωάννης ἐβάπτιζεν ἐν τῷ ᾽Ιορδάνῃ[1] ποταμῷ[2] καὶ οἱ ὄχλοι ἐξήρχοντο ἀπὸ ῾Ιεροσολύμων[3] αὐτῷ. οἱ δὲ ἠκούοντο τοὺς λόγους αὐτοῦ οὓς ἐλάλει αὐτοῖς. ὁ γαρ ἔλεγεν· ἐγὼ μὲν ὑμᾶς βαπτίζω ἐν ὕδατι[4], ὃς δὲ ἔρχεται ὀπίσω[5] μου ὑμᾶς βαπτίσει[6] ἐν πνεύματι[7] ἁγίῳ. ἕκαστος τῶν μαθητῶν μοῦ γινώσκει ὅτι ἐγω εἶμι φωνὴ ἣ κήρυσσει τὸ εὐαγγέλιον τοῦ Χριστοῦ. ὅτε οὗτος προσέρχεται οἳ πιστεύουσιν εἰς αὐτὸν σωσθήσονται[8].

Τῇ δὲ ἐπαύριον[9], ὁ ᾽Ιησοῦς προσέρχεται ἀπὸ Γαλιλαίας[10] καὶ ἐδίδασκεν τὸν λαὸν καὶ ἐκήρυσσεν τὴν βασιλείαν τοῦ θεοῦ. ὁ δὲ καὶ ᾽Ιωάννης ὑπήρχετο διδάσκαλος. ἔπεμπεν οὖν λόγον τῷ ᾽Ιησοῦ καὶ ἐπήρωταν· ὁ υἱος τοῦ θεοῦ εἶ συ ἤ ἄλλος ἐστίν; κρατοῦμεν γὰρ τὰς γραφὰς τῶν προφήτων οἳ ἐκήρυσσον τὴν χαρὰν τοῦ κυριοῦ ὅτε ἔγραφον περὶ τοῦ Χριστοῦ.

Προσέρχεται δὲ ὁ ᾽Ιησοῦς τῷ ᾽Ιωάννῃ. ὁ δὲ λέγει· ἰδού ὁ ἀμνὸς[11] τοῦ θεοῦ ὃς σώζει ἁμαρτωλοὺς ἐκ τῶν ἁμαρτιῶν αὐτῶν. ἐβαπτίζετο δε ὁ ᾽Ιησοῦς ὑπὸ ᾽Ιωάννης καὶ ὁ λαὸς ἔβλεπεν καὶ ἤκουεν ὃ ἐγὶνετο. λέγει οὖν ὁ ᾽Ιησοῦς τῷ λαῷ, εἰ ζητεῖτε πρῶτον τὴν βασιλείαν τοῦ θεοῦ καὶ τὴν δικαιοσύνην αὐτοῦ καὶ ἐμοὶ προσφέρετε τὰς καρδίας ὑμῶν, καὶ σώσω[12] ὑμᾶς, νῦν δὲ κάθησθε ἐν τῷ τόπῳ θανάτῳ. οὕτως οἱ προφηται ἐμάρτυρουν περὶ ὑμῶν.

Notas

[1] ᾽Ιορδάνης, -ου, ὁ	Jordán
[2] ποταμος, -ου, ὁ	río
[3] ῾Ιεροσολύμων	Jerusalén
[4] ὕδατι	agua (dat. neut. sg)
[5] ὀπίσω	después (prep. con el gen.)
[6] βαπτίσει	Futuro de βαπτίζω (3ra sg)

[7] πνεύματι	espíritu (dat. neut. sg)
[8] σωσθήσονται	Futuro pasivo de σῴζω (3ra. per. pl)
[9] τῇ ἐπαύριον	al día siguiente
[10] Γαλιλαία, ἡ	Galilea
[11] ἀμνὸς, -ου, ὁ	cordero
[12] σώσω	salvaré (futuro de σωζω)

Mi traducción

Unidad 15. Futuro de indicativo activo y medio

Análisis morfológico

Analice las siguientes formas verbales. Incluya todas las opciones posibles.

	Tiempo	Voz	Modo	Persona	Número	Lema	Traducción
διώξουσιν			Indicativo				
βαπτίζεις							
κρινοῦμεν							
διδάξει							
ἐζήτουν							
πέμψω							
πορευσόμεθα							
αἰτήσεσθε							
τηρήσετε							
εἰσελεύσονται							
ζήσῃ							
καλέσεις							
ἐγίνωσκεν							
ἔσεσθε							
ὄψονται							
βάλλουσιν							
ποιήσει							
ἀποκτενοῦσιν							
ἀκολουθήσω							
ζήσομεν							

Practique escribir en griego

Traduzca al griego las siguientes oraciones en español.

1.	Glorificaré al Señor.
2.	Entonces comerás el pan de la tierra.
3.	El esclavo no matará a su amo.
4.	Ellos sabrán que soy pecador.
5.	Les hablaremos a ustedes acerca de Jesús.
6.	Jesús les traerá (a ustedes) fruto.
7.	Sus discípulos lo llamarán el hijo de Dios.
8.	Enviaré (ἀποστέλλω) a mi siervo.
9.	Los niños entrarán en la casa.
10.	Ustedes me invocarán pero yo no los oiré.

Practique leer oraciones en griego

Traduzca cada una de las oraciones que aparecen a continuación.

11.	εἰ γὰρ πιστευσετε τοὺς πιστοὺς λόγους μοῦ, ἐλεύσομαι πρὸς ὑμῖν καὶ σώσω ὑμᾶς ἐκ τῶν ἁμαρτίων.
12.	οἱ πονηροὶ καὶ ἁμαρτωλοὶ καταβήσονται ἀπο τὸν ἱερὸν ὑμῖν καὶ βαλοῦσιν τοὺς ἁγίους ἐκ της συναγωγῆς.
13.	οἱ μαθηται τῶν μακαρίων ἐκκλησίων ὄψονται ἐμὲ τοῖς ὀφθαλμοῖς ὅτε ἀπελεύσομαι ἀπ' οὐρανῶν μετὰ τῶν ἀγγέλων μου.
14.	ἡ ὥρα ἐστιν ὅτε ἔρχεται ὁ κυριος ὑμῶν καὶ κρινεῖ ἁμαρτωλοὺς διὰ ἁμαρτίαν καὶ δόξασει τοὺς ἁγίους διὰ δικαιοσύνην.
15.	ἰδού, οὓς ἀκούουσιν τὴν φωνὴν αὐτοῦ ἐγερεῖ εἰς τὴν ζωὴν καὶ τοὺς νόμους αὐτοῦ γράψει ἐπὶ τὰς καρδίας.
16.	τότε συνάξω τὰ τέκνα μοῦ εἰς τὴν οἰκίαν καὶ ζήσουσιν μετ' ἐμοῦ ἐν τῇ βασιλείᾳ μοῦ καὶ δοξάσουσιν ἐμὲ ἐκεῖ.
17.	οἱ δὲ κακοὶ οὐκ εἰσελεύσονται εἰς τὴν δόξαν μου. κράξουσιν ἐμοῖ, αὐτοὺς δὲ οὐ ἀκούσω, τὴν γὰρ εἰρήνην μοῦ οὐ ἐζήτουν.

18.	οἱ προφῆται ἐκείνοι ἐποίουν κακοὺς ἔργους, οὐ οὖν καθήσονται μετ' ἐμοῦ ἐπὶ τοῖς θρόνοις τῆς δόξης, οὐδὲ περιπατήσουσιν μετὰ μαθητῶν μου ἐν τῷ ναῷ μοῦ.
19.	οὐκ ἀκολουθήσεις ἐν ὁδῷ ἁμαρτωλῶν, οὐδὲ ποιήσεις ἃ ποιοῦσιν, οὐδὲ ἐρεῖς ἃ λέγουσιν, ἐγὼ γὰρ εἰμὶ ὁ κύριος θεὸς ὑμῶν ὅν μόνον ἀκολουθήσεις.
20.	ζητήσομεν τὸν κύριον καὶ δίδαξει ἡμᾶς τὰς ὁδοὺς αὐτοῦ, βλέψει γὰρ τοὺς ἔργους τῶν δικαίων ἡμῶν καὶ οἱ ὀφθαλμοὶ αὐτοῦ ἔσονται ἐπὶ τὰ παιδὶα αὐτοῦ.

Practique leer el Nuevo Testamento

Las siguientes oraciones están tomadas de los versículos que se indican. Hemos realizado algunas modificaciones. Intente traducir las oraciones sin mirar los pasajes. Luego, verifique su traducción consultando una versión literal como la Biblia de las Américas.

21.	σώσει ψυχὴν αὐτοῦ ἐκ θανάτου καὶ καλύψει πλῆθος ἁμαρτιῶν. (Stg 5:20)	καλυπτω = cubro, escondo πλῆθος = multitud
22.	ἐπαγγελίας γὰρ ὁ λόγος οὗτος· κατὰ τὸν καιρὸν τοῦτον ἐλεύσομαι καὶ ἔσται τῇ Σάρρᾳ υἱός. (Ro 9:9)	καιρός, ὁ = tiempo, época ἐπαγγελία, ἡ = promesa Σάρρα, ἡ = Sara
23.	καὶ ἐν ταῖς ἡμέραις ἐκείναις ζητήσουσιν οἱ ἄνθρωποι τὸν θάνατον καὶ οὐ μὴ εὑρήσουσιν αὐτόν. (Ap 9:6)	οὐ μὴ = ciertamente no, de ningún modo εὑρίσκω = hallo

24.	ἀμὴν ἀμὴν λέγω ὑμῖν ὅτι ἔρχεται ὥρα καὶ νῦν ἐστιν ὅτε οἱ νεκροὶ ἀκούσουσιν τῆς φωνῆς τοῦ υἱοῦ τοῦ θεοῦ καὶ ζήσουσιν. (Jn 5:25)	
25.	Πάλιν οὖν αὐτοῖς ὁ Ἰησοῦς λέγει· ἐγώ εἰμι τὸ φῶς τοῦ κόσμου· ὁ ἀκολουθῶν ἐμοὶ οὐ μὴ περιπατήσῃ ἐν τῇ σκοτίᾳ, ἀλλ' ἕξει τὸ φῶς τῆς ζωῆς. (Jn 8:12)	φῶς, τὸ = luz (nominativo) ὁ ἀκολουθῶν = el que sigue οὐ μὴ = ciertamente no σκοτία, ἡ = tinieblas
26.	τέξεται δὲ υἱόν, καὶ καλέσεις τὸ ὄνομα αὐτοῦ Ἰησοῦν· αὐτὸς γὰρ σώσει τὸν λαὸν αὐτοῦ ἀπὸ τῶν ἁμαρτιῶν αὐτῶν. (Mt 1:21)	τέξεται = dará a luz (deponente futuro) ὄνομα, τό = nombre (acusativo)
27.	καὶ ἀγαπήσεις κύριον τὸν θεόν σου ἐξ ὅλης τῆς καρδίας σου καὶ ἐξ ὅλης τῆς ψυχῆς σου καὶ ἐξ ὅλης τῆς διανοίας σου καὶ ἐξ ὅλης τῆς ἰσχύος σου. (Mr 12:30)	διανοία, ἡ = mente, entendimiento ἰσχύος, ἡ = fuerza (genitivo)
28.	διὰ τοῦτο καὶ ἡ σοφία τοῦ θεοῦ εἶπεν· ἀποστελῶ εἰς αὐτοὺς προφήτας καὶ ἀποστόλους, καὶ ἐξ αὐτῶν ἀποκτενοῦσιν καὶ διώξουσιν. (Lc 11:49)	διωκω = persigo

Practique leer una historia

Traduzca la siguiente historia. Lea las notas que aparecen al final de la página para obtener ayuda adicional.

ΙΗΣΟΥΣ ΠΡΟΦΗΤΗΣ ΤΟΥ ΘΕΟΥ

Ὁ Ἰησοῦς ἐστιν ὁ τοῦ θεοῦ προφήτης ὁ ἀγαπητός. οὗτος ἐστὶν ὃς ἐλεύσεται καὶ λαλήσει τὴν ἀλήθειαν τοῦ θεοῦ τῷ λαῷ. πολλοὶ[1] πιστεύσουσιν εἰς αὐτὸν καὶ ζητῆσουσιν τὴν ζωὴν αἰώνιον. αὐτόν οὗτοι βλέψουσιν τοῖς ὀφθαλμοῖς αὐτῶν καὶ γνώσονται ἐν ταῖς καρδίαις αὐτῶν ὅτι υἱὸς τοῦ θεοῦ ἐστιν. βλέψουσιν αὐτὸν ἐπὶ τῷ θρόνῳ αὐτοῦ ἐν δόξῃ αὐτοῦ.

Τότε[2] λαλήσει αὐτοῖς καὶ ἐρεῖ· ἀποστέλλω ὑμᾶς εἰς τοῦτον τὸν πονηρὸν κόσμον καὶ ὑμεῖς ἔσεσθε μαθηταὶ ἐμοῦ. βαπτίσετε τοὺς πιστούς. ἐγερῶ αὐτοῦς ἐν πνεύματι[3]. κακὴ γὰρ ἡ σὰρξ[4] ἀλλὰ τὸ πνεύμα[5] καλὸν. οὗτοι γνώσονται τὸ καλὸν ὃ ἐγὼ ποιῶ καὶ ποιήσουσιν καὶ αὐτό. ἐν τοῖς οὐρανοῖς προσκυνήσουσιν[6] ἐμὲ καὶ ἐγὼ καλέσω αὐτοὺς τοὺς ἀδελφοὺς τοὺς ἐμούς.

Αλλὰ, πολλοὶ[1] οὐκ πιστεύσουσιν εἰς αὐτόν. μενοῦσιν οὗτοι ἐν ταῖς ἁμαρτίαις αὐτῶν καὶ εἰς τὴν ζωὴν οὐκ ἐλεύσονται. αὐτοὺς οὖν οὐκ ἐγερεῖ οὐδέ συνάξει εἰς τοὺς οὐρανούς. οὐκ γὰρ γινώσκουσιν αὐτὸν οὐδὲ γινώσκουσιν τὸν πατέρα[7]. αὐτοὺς πέμψει εἰς τὸ πυρ[8] καὶ μενοῦσιν ἐν τῷ πυρὶ ἐκείνῳ. οὐκ ἐγερεῖ αὐτοὺς δόξῃ.

Πιστεύσετε εἰς αὐτόν; εἰ πιστεύετε εἰς αὐτὸν καὶ καλεῖτε ἐπὶ αὐτὸν καὶ αὐτὸν ἀγαπᾶτε ὅλῃ τῇ καρδίᾳ ὑμῶν, σώσει ὑμᾶς ἀπὸ ὑμῶν τῶν ἁμαρτιῶν καὶ ἕξετε ζωὴν αἰώνιον[9]. σὺν τοὺς ἁγίους ὑμεῖς ζήσετε ἐν δόξῃ. ἀλλὰ εἰ οὐ πιστεύσετε ὑμεῖς οὐδὲ καλήσετε ἐπὶ αὐτόν, οὗτος κρινεῖ ὑμᾶς καὶ πέμψει ὑμᾶς εἰς τὴν θάλασσαν τοῦ πυρός[10].

Μακάριοι ἐκεῖνοι οἳ ἔρχονται εἰς τὸν Ἰησοῦν, τὸν ἀγαπητὸν προφήτην τοῦ θεοῦ. Βλέψουσιν αὐτοὶ τὸν θεόν.

Notas

[1] πολλοί	muchos (nom. masc. pl.)
[2] τότε	entonces
[3] πνεύματι	espíritu (dat. neut. sing.)
[4] σάρξ	carne (nom. fem sing.)
[5] πνεύμα	espíritu (nom. neut. sing)

[6] προσκυνεω	adoro
[7] πατέρα	padre (ac. masc. sing.)
[8] πυρ	fuego (ac. neut. sing.)
[9] αἰώνιον	eterno (ac. Fem. sing.)
[10] πυρός	de fuego (gen. sing. de πυρ)

Mi traducción

Unidad 16. Aoristo primero de indicativo activo y medio

Análisis morfológico

Analice las siguientes formas verbales. Catalogue como deponente la voz para los verbos deponentes.

	Tiempo	Voz	Modo	Persona	Número	Lema	Traducción
ἠκούσατε			Indicativo				
ἐποίησεν							
ἐδίδαξας							
διδάξει							
περιεπατήσαμεν							
ἐδέξασθε							
ἔγραψα							
ἔκραξεν							
ζητήσουσιν							
ἤκουσαν							
ἔκρινα							
ἤρξαντο							
ἐπίστευσας							
προσηνέγκατε							
καλέσεις							
ἐγέννησεν							
δέχονται							
ἠκολούθησαν							
ἐλαλήσατε							
ἀπέστειλαν							

Practique escribir en griego

Traduzca al griego las siguientes oraciones en español. Utilice el vocabulario que se indica entre paréntesis.

1.	Ustedes lo recibieron. (δέχομαι)
2.	Ellos permanecieron en el templo. (μενω, ἱερόν)
3.	Oímos su voz. (ἀκούω)
4.	Ofrecí mi vida. (προσφέρω, ψυχή)
5.	Jesús proclamó el evangelio. (κηρύσσω)
6.	Tú enviaste a tu hijo. (ἀποστέλλω)
7.	Hablamos la palabra de Dios. (λαλέω)
8.	Los ancianos glorificaron a Dios. (δοξάζω)
9.	Ustedes mataron a los profetas. (ἀποκτείνω)
10.	Les enseñé (a ustedes) la verdad. (διδάσκω)

Practique leer oraciones en griego

Traduzca cada una de las siguientes oraciones. Traduzca los verbos aoristos según el uso que se indica entre paréntesis.

11.	προσεκύνησαν οἱ πρεσβύτεροι τὸν κυριον ὃς ἐκάθητο ἐπὶ τὸν θρόνον αὐτοῦ. (Constativo)
12.	ὁ Ἰησοῦς ἐκήρυξεν σωτηρίαν τοῖς ἁμαρτωλοῖς, οὐχὶ δὲ ἐδέξαντο αὐτὸν. (Constativo)
13.	τοὺς μαθητὰς ἔπεισαν οἱ διδάσκαλοι ὑμῶν καὶ τότε ἠκολούθησαν αὐτοῖς εἰς τὸν ἱερόν. (Constativo)
14.	πρὸς θεὸν ἔκραξα καὶ ἤκουσεν με ἐκ τῶν οὐρανῶν· ἀπεκρίνετο με ὅτε ἐκάλησα ἐπὶ αὐτόν. (Constativo)
15.	ἐβάπτισαν οἱ ἀπόστολοι οἱ ἅγιοι τὸν λαὸν καὶ ἐθεώρησαν αὐτοὺς οἱ κακοὶ δοῦλοι. (Constativo)
16.	δοκεῖς ὅτι γινώσκεις τὸν υἱὸν τοῦ θεοῦ, ἀλλὰ οὐκ ἐτήρησας τὰς ἐντολὰς αὐτοῦ οὐδὲ ἐδίωξας τὴν δικαιοσύνην. (Perfectivo)

17.	οἱ πονηροὶ δοῦλοι ἐκεῖνοι ἐκράτησαν ἔξω τῆς συναγωγῆς τοὺς δώδεκα καὶ τὴν ἐκκλησίαν ἐδίωξαν. (Ingresivo)
18.	ἐθεωρήσαμεν θρόνον παρὰ τὴν θάλλασαν καὶ προσεκύνουν οἱ πρεσβύτεροι τὸν Χριστὸν ὃς ἤγειρεν αὐτοὺς ἐκ τῶν νεκρῶν. (Constativo)
19.	ἤδη ἀγαπᾶτε τοὺς ἀδελφοὺς δὲ καὶ ἀγαπῶσιν ὑμᾶς, οὕτως γὰρ ἠγάπησεν ὁ θεὸς ἡμᾶς καὶ τὸν υἱὸν ἀπέστειλεν. (Constativo)
20.	ἐλεύσεται ὁ ἄνθρωπος ἁμαρτίας ὃν ἀκολουθήσουσιν ὁ λαὸς, ὅτι ἐκηρύσσεται ὁ λόγος τοῦ θεοῦ αὐτοῖς ἀλλὰ οὐχὶ ἐδέξαντο αὐτὸν οὐδὲ ἐπίστευσαν τὰς γραφὰς τῶν προφήτων. (Constativo)

Practique leer el Nuevo Testamento

Las siguientes oraciones están tomadas de los versículos que se indican. Hemos realizado algunas modificaciones. Intente traducir las oraciones sin mirar los pasajes. Luego, verifique su traducción consultando una versión literal como la Biblia de las Américas. Intente identificar el uso del aoristo que sugiere la traducción.

21.	Ἤρξατο δὲ πρὸς τὸν λαὸν λέγειν τὴν παραβολὴν ταύτην. (Lc 20:9)	λέγειν = decir

22.	αὐτὸς γὰρ Ἰησοῦς ἐμαρτύρησεν ὅτι προφήτης ἐν τῇ ἰδίᾳ πατρίδι τιμὴν οὐκ ἔχει. (Jn 4:44)	ἰδίος, α, ον = propio de uno πατρίδι = patria (dat. sing.) τιμὴ, ἡ = honor, honra
23.	ταῦτα πάντα ἐλάλησεν ὁ Ἰησοῦς ἐν παραβολαῖς τοῖς ὄχλοις καὶ χωρὶς παραβολῆς οὐδὲν ἐλάλει αὐτοῖς. (Mt 13:34)	πάντα = todo (neut. pl. ac.) χωρὶς = sin (con el gen.) οὐδὲν = nada (acc. sing.)
24.	ὃν ἔγραψεν Μωϋσῆς ἐν τῷ νόμῳ καὶ οἱ προφῆται εὑρήκαμεν, Ἰησοῦν υἱὸν τοῦ Ἰωσὴφ τὸν ἀπὸ Ναζαρέτ. (Jn 1:45)	Μωϋσῆς = Moisés εὑρήκαμεν = hemos hallado Ἰωσὴφ = José Ναζαρέτ = Nazaret
25.	ἦν δὲ σάββατον ἐν ᾗ ἡμέρᾳ τὸν πηλὸν ἐποίησεν ὁ Ἰησοῦς καὶ ἀνέῳξεν αὐτοῦ τοὺς ὀφθαλμούς. (Jn 9:14)	πηλὸς, ὁ = barro ἀνέῳξεν = abrió
26.	ἦλθεν γὰρ Ἰωάννης πρὸς ὑμᾶς ἐν ὁδῷ δικαιοσύνης, καὶ οὐκ ἐπιστεύσατε αὐτῷ, οἱ δὲ τελῶναι καὶ αἱ πόρναι ἐπίστευσαν αὐτῷ. (Mt 21:32)	ἦλθεν = vino τελώνης, ὁ = publicano πόρνη, ἡ = ramera
27.	Ταύτην ἐποίησεν ἀρχὴν τῶν σημείων ὁ Ἰησοῦς ἐν Κανὰ τῆς Γαλιλαίας καὶ ἐφανέρωσεν τὴν δόξαν αὐτοῦ, καὶ ἐπίστευσαν εἰς αὐτὸν οἱ μαθηταὶ αὐτοῦ. (Jn 2:11)	Κανὰ = Caná Γαλιλαία, ἡ= Galilea φανερόω = manifiesto, revelo

Practique leer una historia

Traduzca la siguiente historia. Lea las notas que aparecen al final de la página para obtener ayuda adicional.

ΠΡΟΣ ΚΟΡΙΝΘΙΟΥΣ[1]

Παῦλος ὁ πρεσβύτερος τῇ ἐκκλησίᾳ τοῦ θεοῦ ἐν Κορίνθῳ.[1]

Εἰρήνη ὑμῖν ἀπὸ θεοῦ πατρὸς ἡμῶν καὶ κυρίου Ἰησοῦ Χριστοῦ.

Ἤκουσα παρὰ Ἰωάννης ὅτι περιπατεῖτε ἐν ἀληθείᾳ καὶ ἀγαπᾶτε τὸν λαὸν τοῦ θεοῦ·καὶ δὲ δοξάζω τὸν θεὸν διὰ ὑμᾶς. ἐδέξασθε γὰρ τοὺς ἁγίους καὶ ἐμαρτυρήσατε ὅλῳ τῷ κόσμῳ περὶ τῆς σωτηρίας ὑμῶν. διὰ τοῦτο οἱ ἀδελφοὶ μοῦ, ἐγὼ γινώσκω ὅτι πιστεύετε.

Οὐχὶ γὰρ ἠκολουθήσαμεν μύθους[2] ὅτε ἐλαλήσαμεν ὑμῖν περὶ τοῦ Χριστοῦ. ὁ γὰρ Ἰησοῦς ἐδίδαξεν τὸν λαὸν αὐτοῦ περὶ δικαιοσύνης τοῦ θεου καὶ οὐκ ἐπίστευσαν. οἱ δὲ[3] ἐδίωξαν καὶ ἀπέκτειναν αὐτόν. ὁ δὲ[3] ἔκραξεν ἐκ τοῦ σταύρου[4] τῷ θεῷ καὶ ὁ κύριος ἤκουσεν αὐτόν. καθὼς οἱ προφῆται ἐλάλησαν, ἀνέστη[5] ὁ θεὸς ἐκ νεκρῶν καί νῦν κάθηται παρὰ θεὸν ἐν τοῖς οὐρανοῖς, ἐξ οὗ ἐξελεύσεται καὶ θεωρήσομεν αὐτὸν ἐν τῇ δόξῃ αὐτοῦ.

Οἱ ἀδελφοί, ἑαυτοὺς[6] ἐν ἀγάπῃ θεοῦ τηρήσατε[7], ἀμήν.

Notas

[1] Κόρινθος, ὁ = Corinto Κορίνθιος = Corintios
[2] μῦθος, ὁ = mito
[3] artículo usado como pronombre personal delante de δὲ
[4] σταῦρος, ὁ = cruz

[5] ἀνέστη = resucitó, se levantó
[6] ἑαυτοὺς = ustedes mismos
[7] τηρήσατε = guarden, observen (imperativo)

Mi traducción

Unidad 17. Aoristo segundo de indicativo activo y medio

Análisis morfológico

Analice las siguientes formas verbales. Catalogue como deponente la voz para los verbos deponentes.

<table>
<tr><th></th><th>Tiempo</th><th>Voz</th><th>Modo</th><th>Persona</th><th>Número</th><th>Lema</th><th>Traducción</th></tr>
<tr><td>ἔβαλεν</td><td></td><td></td><td rowspan="20">Indicativo</td><td></td><td></td><td></td><td></td></tr>
<tr><td>εἰσήλθομεν</td><td></td><td></td><td></td><td></td><td></td><td></td></tr>
<tr><td>γνωσόμεθα</td><td></td><td></td><td></td><td></td><td></td><td></td></tr>
<tr><td>εἴδετε</td><td></td><td></td><td></td><td></td><td></td><td></td></tr>
<tr><td>ἔφαγον</td><td></td><td></td><td></td><td></td><td></td><td></td></tr>
<tr><td>προσεύχονται</td><td></td><td></td><td></td><td></td><td></td><td></td></tr>
<tr><td>ἀποκρίνῃ</td><td></td><td></td><td></td><td></td><td></td><td></td></tr>
<tr><td>εὗρες</td><td></td><td></td><td></td><td></td><td></td><td></td></tr>
<tr><td>εἶπαν</td><td></td><td></td><td></td><td></td><td></td><td></td></tr>
<tr><td>ἐγίνωσκεν</td><td></td><td></td><td></td><td></td><td></td><td></td></tr>
<tr><td>ἔγνωσαν</td><td></td><td></td><td></td><td></td><td></td><td></td></tr>
<tr><td>ἐγένου</td><td></td><td></td><td></td><td></td><td></td><td></td></tr>
<tr><td>προσηνέγκατε</td><td></td><td></td><td></td><td></td><td></td><td></td></tr>
<tr><td>γνώσομαι</td><td></td><td></td><td></td><td></td><td></td><td></td></tr>
<tr><td>ἀνέβη</td><td></td><td></td><td></td><td></td><td></td><td></td></tr>
<tr><td>ἤγαγον</td><td></td><td></td><td></td><td></td><td></td><td></td></tr>
<tr><td>ἀπεκρίνατο</td><td></td><td></td><td></td><td></td><td></td><td></td></tr>
<tr><td>ἔφερον</td><td></td><td></td><td></td><td></td><td></td><td></td></tr>
<tr><td>ἔπεσεν</td><td></td><td></td><td></td><td></td><td></td><td></td></tr>
<tr><td>ἔπιον</td><td></td><td></td><td></td><td></td><td></td><td></td></tr>
</table>

Practique escribir en griego

Traduzca al griego las siguientes oraciones en español. Utilice el vocabulario que se indica entre paréntesis.

1.	Ustedes vieron al Señor.	(ὁράω)
2.	Ofrecimos nuestras almas.	(φέρω)
3.	Yo conocí el camino.	(γινώσκω)
4.	Ellos me condujeron a Jesús.	(ἄγω)
5.	Tú comiste el pan.	(ἐσθίω)
6.	El esclavo me dijo.	(λέγω)
7.	Descendimos a la casa.	(καταβαίνω)
8.	Llegamos a ser esclavos.	(γινόμαι)
9.	Ellos echaron fuera al demonio.	(ἐκβάλλω)
10.	Vine a ustedes.	(προσερχόμαι)

Practique leer oraciones en griego

Traduzca cada una de las siguientes oraciones. Verifique la puntuación para determinar si la oración es una afirmación o una pregunta.

11.	ποῦ ἦλθεν ὁ Ἰησοῦς μετὰ τῶν δώδεκα μαθητῶν ὅτε εἶδον αὐτὸν ἐν τῆς δόξης αὐτοῦ;
12.	οἱ ἀπόστολοι ὑπήγαγον ἀπὸ Καισάρεια καὶ ἀνέβησαν εἰς Ἰερουσαλὴμ. (pronunciar en voz alta las palabras desconocidas)
13.	ἡμεῖς ἐξεβάλομεν δαιμόνια ἐκ τῶν παιδίων ὑμῶν καὶ ἐδιδάξαμεν αὐτὰ περὶ σωτηρίας.
14.	ἐπηρώτησα τὸν κύριον καὶ ἤκουσέν με καὶ ἀπεκρίνετό με ἐν τῇ δικαιοσύνῃ.
15.	ἀπῆλθον εἰς ἔρημον τόπον οἱ περσβύτεροι τῆς ἐκκλησίας κἀκεῖ προσηύχοντο τῷ κυρίῳ καὶ εἶπον· σὲ ἀγαπῶμεν ἐξ ὅλης τῆς ψυχῆς ἡμῶν. (κἀκεῖ = καὶ ἐκεῖ)
16.	τὸν ἀδελφὸν ὁ Πέτρος εὗρεν καὶ εἶπεν αὐτῷ, ἤκουσα ἄνθρωπον ὃς μοῖ εἶπεν ὅτι υἱὸς τοῦ θεοῦ ἐστίν, καὶ ἃ λέγει πιστεύω.
17.	τὸν θεὸν μου παρεκάλεσα καὶ αὐτῷ προσηύξαμην καὶ οὖν αὐτὸς πέμψει τὸν υἱὸν τὸν μόνον ὃς σώσει ὑμᾶς ἐκ τῶν ἁμαρτίων.

18.	ὑμεῖς ούκ ἔγνωτε τὴν άλήθειαν δὲ καὶ νῦν ού γινώσκετε αύτήν, είσήλθετε γὰρ είς τὴν συναγωγὴν δαιμονίων καὶ έφάγετε αύτῶν τὰ πονηρά.
19.	ὅτι ἐτήρησας τὸν λόγον μου καὶ ούκέτι περιπατεῖς έν τῇ ὁδῷ τῶν ἁμαρτωλῶν, κάγώ σε τηρήσω έκ τῆς ὥρας τοῦ θάνατου καὶ συνάξω εἰς τὴν βασιλείαν μοῦ.
20.	οἱ διδάσκαλοι οὗτοι ούκ έτήρησαν τὰς έντολὰς μοῦ, διὸ καὶ άρῶ τοὺς θρόνους αύτῶν έν ταῖς έκκλησίαις, οὐ γὰρ μὲ γινώσκουσιν.

Practique leer el Nuevo Testamento

Las siguientes oraciones están tomadas de los versículos que se indican. Hemos realizado algunas modificaciones. Intente traducir las oraciones sin mirar los pasajes. Luego, verifique su traducción consultando una versión literal como la Biblia de las Américas.

21.	ἦλθεν γὰρ ὁ υἱὸς τοῦ ἀνθρώπου ζητῆσαι καὶ σῶσαι τὸ ἀπολωλός. (Lc 19:10)	ζητῆσαι = buscar σῶσαι = salvar ἀπολωλός = perdido
22.	Καὶ πρωῒ ἔννυχα λίαν ἀναστὰς ἐξῆλθεν καὶ ἀπῆλθεν είς ἔρημον τόπον κάκεῖ προσηύχετο. (Mr 1:35)	πρωῒ ἔννυχα λίαν = muy temprano en la mañana ἀναστὰς = habiéndose levantado κάκεῖ = y allí

23.	καὶ ἔλεγεν αὐτοῖς· τὸ σάββατον διὰ τὸν ἄνθρωπον ἐγένετο καὶ οὐχ ὁ ἄνθρωπος διὰ τὸ σάββατον. (Mr 2:27)	
24.	Καὶ ἐζήτησαν οἱ γραμματεῖς καὶ οἱ ἀρχιερεῖς ἐπιβαλεῖν ἐπ' αὐτὸν τὰς χεῖρας ἐν αὐτῇ τῇ ὥρᾳ, … ἔγνωσαν γὰρ ὅτι πρὸς αὐτοὺς εἶπεν τὴν παραβολὴν ταύτην. (Lc 20:19)	γραμματεῖς = escribas (nom. pl.) ἀρχιερεῖς = principales sacerdotes (nom. pl.) ἐπιβαλεῖν = echar χεῖρας = manos (ac. pl.)
25.	Ἐν ἐκείνῃ τῇ ὥρᾳ προσῆλθον οἱ μαθηταὶ τῷ Ἰησοῦ λέγοντες· τίς ἄρα μείζων ἐστὶν ἐν τῇ βασιλείᾳ τῶν οὐρανῶν; (Mt 18:1)	λέγοντες = diciendo τίς = ¿Quién? ἄρα = entonces, realmente μείζων = mayor
26.	Ἤγαγεν δὲ αὐτὸν εἰς Ἰερουσαλὴμ καὶ ἔστησεν ἐπὶ τὸ πτερύγιον τοῦ ἱεροῦ καὶ εἶπεν αὐτῷ· εἰ υἱὸς εἶ τοῦ θεοῦ, βάλε σεαυτὸν ἐντεῦθεν κάτω. (Lc 4:9)	Ἰερουσαλὴμ = Jerusalén ἔστησεν = *lo* puso πτερύγιον = pináculo βάλε = echa (imperativo) σεαυτὸν = te, a ti mismo (ac. sing.) ἐντεῦθεν = de aquí κάτω = abajo
27.	ὅτε οὖν εἶδεν ὁ ὄχλος ὅτι Ἰησοῦς οὐκ ἔστιν ἐκεῖ οὐδὲ οἱ μαθηταὶ αὐτοῦ, ἐνέβησαν αὐτοὶ εἰς τὰ πλοιάρια καὶ ἦλθον εἰς Καφαρναοὺμ. (Jn 6:24)	ἐμβαίνω = me embarco πλοιάριον, το = barca pequeña Καφαρναοὺμ – Capernaúm

Practique leer una historia

Traduzca la siguiente historia. Lea las notas que aparecen al final de la página para obtener ayuda adicional.

Ἰησοῦς ἐκβάλλει δαιμόνιον

ΊΗΣΟΥΣ ΕΚΒΑΛΛΕΙ ΔΑΙΜΟΝΙΟΝ

Ἰησοῦς ἐκήρυσσεν ἐν τῇ συναγωγῇ σαββάτῳ καὶ ἐκάθητο ἀνθρώπος τυφλὸς μετὰ τῶν μαθητῶν ὃς δαιμόνιον ἔσχεν. φωνῇ μεγάλῃ[1] ἔκραξεν καὶ εἶπεν, ἐγὼ γινώσκω ὃς εἶ ὅτι ἦλθες βασανίσαι[2] μέ. τότε ἠρώτησεν αὐτὸν ὁ Ἰησοῦς, ποῦ μένεις; ὁ δὲ[3] ἀπεκρίνατο, ἐν ἐρήμῳ μόνον, φοβεῖται γὰρ μὲ ὅλη ἡ γῆ. παρακαλῶ σὲ μὲ θεραπεύειν[4].

Ἦν δὲ ὄχλος ἐκεῖ καὶ ἠρώτων ἀλλήλους[5], τί[6] ποιήσει αὐτῷ; τότε προσηύξατο ὁ Ἰησοῦς καὶ εἶπεν, κύριε[7] ὁ θεὸς ἐν ουρανῷ, καλῶ ἐπὶ σὲ καὶ δοξάζω τὸ ὄνομα[8] σοῦ. ἐθεώρησεν αὐτὸν καὶ ἐξέβαλεν τὸ δαιμόνιον καὶ εὐθέως[9] αὐτὸ ἀπῆλθεν, ὁ δὲ ἄνθρωπος ἔπεσεν ἐπὶ πρόσωπον καὶ προσεκύνει τὸν κύριον. ὁ δὲ Ἰησοῦς εἶπεν αὐτῷ, οὐκέτι μόνον μενεῖς, νῦν γὰρ βλέπεις. σήμερον[10] σωτηρία σοὶ ἐγένετο.

Notas

[1] μεγάλῃ = grande (dat. fem. sing.)	[6] τί = ¿Qué?
[2] βασανίσαι = atormentar	[7] κύριε = Señor (vocativo sing. κύριος)
[3] ὁ δὲ = artículo usado como un pronombre	[8] ὄνομα = nombre (ac. neut. sing.)
[4] θεραπεύειν = sanar	[9] εὐθέως = inmediatamente
[5] ἀλλήλους = unos a otros, entre sí	[10] σήμερον = hoy (neut. ac. sg.)

Mi traducción

Unidad 18. Futuro y aoristo de indicativo pasivo

Análisis morfológico

Analice las siguientes formas verbales. Incluya todas las opciones posibles. Catalogue como deponente la voz de los verbos deponentes.

	Tiempo	Voz	Modo	Persona	Número	Lema	Traducción
ἐγενήθην			Indicativo				
ὤφθη							
γνωσθήσεται							
αἰτήσεσθε							
ἐβαπτίσθημεν							
κριθήσεσθε							
ἐκλήθης							
σωθήσομαι							
ἠκολούθησαν							
συνήχθησαν							
εὑρέθη							
λαλοῦμεν							
ἐγερθήσονται							
ἀπεκρίθησαν							
ἠγέρθη							
ἀπεστάλη							
κληθήσῃ							
πληρωθήσεται							
ἐγεννήθησαν							
ἔμεινεν							

Practique escribir en griego

Traduzca al griego las siguientes oraciones en español. Utilice el vocabulario que se indica entre paréntesis.

1.	Jesús fue levantado.	(ἐγείρω)
2.	Ustedes serán perseguidos.	(διώκω)
3.	Fuimos consolados.	(παρακαλέω)
4.	Serás lanzado.	(βάλλω)
5.	Seré visto.	(ὁράω)
6.	Fuimos engendrados.	(γεννάω)
7.	Fue dicho por los profetas.	(λαλέω)
8.	Los esclavos serán expulsados.	(ἐκβάλλω)
9.	Los justos serán salvos.	(σώζω)
10.	Serás llamado bienaventurado.	(καλέω)

Practique leer oraciones en griego

Traduzca cada una de las siguientes oraciones.

11.	ἀπεκρίθη ὁ τυφλος καὶ εἶπεν αὐτοῖς, οὗτος ὁ ἄνθρωπος ἤνοιξέν μου τοὺς ὀφθαλμούς.
12.	ἐγενήθη ἀπόστολος παρὰ Ἰωάννης ὃν οἱ μαθηται ἐκάλεσαν ἀγαθός.
13.	Ἐγὼ γὰρ παρέλαβον ἀπὸ τοῦ κυρίου τὸ εὐαγγελιον ὃ ἐκηρυχθη εἰς τὸν κόσμον ὅλον.
14.	Χριστὸς ἐσταυρώθη διὰ τὰς ἁμαρτιὰς ἡμῶν κατὰ τὰς γραφὰς καὶ ἠγέρθη ἐκ νεκρῶν διὰ τῆν δικαιοσύνην ἡμῶν.
15.	Ἐν ἐκείνῃ τῇ ἡμέρᾳ, ὁ υἱὸς τοῦ ἀνθρώπου φανερωθήσεται καὶ κληθήσεται ὁ Χριστὸς, ἐν αὐτῷ γὰρ σωθησόμεθα.
16.	ἡμῖν γὰρ ὤφθησαν οἱ ἄγγελοι τοῦ οὐρανοῦ καὶ εἶπον, ἰδοὺ ταῦτην ἡμέραν ἐν Βηθλέεμ[23] ἡ παρθένος[24] γεννήσει υἱὸν ὃς σώσει τὸν λαὸν αὐτοῦ ἐκ τῶν ἁμαρτίων αὐτῶν.

[23] Βηθλέεμ = Belén

[24] παρθένος = virgen

17.	οὐκ ἠκολούθησαν οἱ πρεσβύτεροι τὰς ἐντολὰς τοῦ θεοῦ ἀλλὰ μᾶλλον ἠκολούθησαν τὰς ἐντολὰς ἀνθρώπων.
18.	ἰδοὺ ἀποστελῶ τὸν ἄγγελόν μου πρὸ προσώπου σου, λέγει ὁ κύριος, καὶ ἀπολύσει τοὺς δούλους μοῦ καὶ ἑτέρους οἳ οὐκ εἰσιν τοῦ λαοῦ μοῦ ἀπὸ τοῦ θανάτου.
19.	ἔμπροσθεν αὐτοῦ συναχθήσονται οἱ προφῆται και διδάσκαλοι καὶ κρίθησονται ἕκαστος κατὰ τὰ πονηρὰ ἔργα αὐτοῦ.
20.	ἐγώ εἰσῆλθον εἰς τὸν ναὸν καὶ ἰδοὺ ἀνεῴχθησαν οἱ οὐρανοὶ καὶ ὁ ἄγγελος τοῦ κυρίου ὤφθη μοῖ καὶ ἐφοβούμην ἔμπροσθεν αὐτοῦ.

Practique leer el Nuevo Testamento

Las siguientes oraciones están tomadas de los versículos que se indican. Hemos realizado algunas modificaciones. Intente traducir las oraciones sin mirar los pasajes. Luego, verifique su traducción consultando una versión literal como la Biblia de las Américas.

21.	μακάριοι οἱ εἰρηνοποιοί, ὅτι αὐτοὶ υἱοὶ θεοῦ κληθήσονται. (Mt 5:9)	εἰρηνοποιός, ὁ = pacificador

22.	ὁ Ἰησοῦς εἶπεν· σὺ εἶ Σίμων ὁ υἱὸς Ἰωάννου, σὺ κληθήσῃ Κηφᾶς. (Jn 1:42)	Σίμων = Simón Κηφᾶς = Cefas
23.	οἱ δὲ εἶπαν· πίστευσον ἐπὶ τὸν κύριον Ἰησοῦν καὶ σωθήσῃ σὺ καὶ ὁ οἶκός σου. (Hch 16:31)	πίστευσον = cree (imperativo)
24.	ἢ ἀγνοεῖτε ὅτι, ὅσοι ἐβαπτίσθημεν εἰς Χριστὸν Ἰησοῦν, εἰς τὸν θάνατον αὐτοῦ ἐβαπτίσθημεν; (Ro 6:3)	ἀγνοέω = no sé, ignoro
25.	ἐξ αὐτοῦ δὲ ὑμεῖς ἐστε ἐν Χριστῷ Ἰησοῦ, ὃς ἐγενήθη σοφία ἡμῖν ἀπὸ θεοῦ. (1Co 1:30)	
26.	Καὶ ἠνοίγη ὁ ναὸς τοῦ θεοῦ ὁ ἐν τῷ οὐρανῷ καὶ ὤφθη ἡ κιβωτὸς τῆς διαθήκης αὐτοῦ ἐν τῷ ναῷ αὐτοῦ. (Ap 11:19)	κιβωτὸς = arca (nom. fem. sing.) διαθήκη, ἡ = pacto
27.	καὶ ὤφθη αὐτῷ ἄγγελος κυρίου καὶ εἶπεν πρὸς αὐτόν Κύριος μετὰ σοῦ, δυνατὸς τῇ ἰσχύι. (Jue 6:12)	δυνατὸς = poderoso ἰσχύς, ἡ = fuerte, valiente (dat. sing.)
28.	καὶ εἰσῆλθεν Μωυσῆς καὶ Ααρων εἰς τὴν σκηνὴν τοῦ μαρτυρίου καὶ ἐξελθόντες εὐλόγησαν πάντα τὸν λαόν, καὶ ὤφθη ἡ δόξα κυρίου παντὶ τῷ λαῷ. (Lv 9:23)	σκηνὴ = tabernáculo, tienda (ac. fem. sing.) ἐξελθόντες = cuando salieron εὐλόγεω= bendigo πάντα = todo (ac. masc. sing.) παντὶ = todo (dat. masc. sing.)

Practique leer una historia

Traduzca la siguiente historia. Lea las notas que aparecen al final de la página para obtener ayuda adicional.

ΕΥΑΓΓΕΛΙΟΝ[1] ΚΑΤΑ ΔΙΔΑΣΚΑΛΟΝ

Ὑπῆρχεν Χρίστος ὡς θεὸς δὲ καὶ ἐγένετο ἄνθρωπος. ὡς δοῦλος ταπεινὸς[2] περιεπάτησεν ἐν ἡμῖν. οἱ λόγοι αὐτοῦ ἠκούσθησαν ὑπὸ τοῦ λαοῦ καὶ δαιμόνια ἐξεβλήθησαν ἔμπροσθεν ἡμῶν. ἀλλὰ οἱ διδάσκαλοι τοῦ Ἰσραὴλ οὐχὶ ἐπίστευσαν οὐδὲ ἤκουσαν τοῦ κυρίου ὃς εἶπεν· ἀποστελῶ τὸν υἱὸν καὶ διωχθήσεται καὶ ὁ λαὸς μοῦ ζήτησει τὴν ψυχὴν αὐτοῦ. σταυρωθήσεται ὑπὸ τῶν ἁμαρτωλῶν καὶ ἀποκτανθήσεται ὑπὸ τῶν πονηρῶν.

Καθὼς οἱ προφήται εἶπον, οὕτως ἐγένετο. ὁ ἅγιος ἐξέβληθη ἐκ τὴς συναγωγὴς καὶ ἐσταυρώθη ὑπὸ ἐκείνων τῶν πονηρῶν. ὁ δὲ[3] οὐκ ἔμεινεν ἐν τάφῳ[4], ἤγειρεν γὰρ αὐτὸν ὁ θεὸς ἐκ τῶν νεκρῶν καὶ οὗτος ὤφθη τοῖς μαθηταῖς αὐτοῦ ὅτε περιεπατοῦν παρὰ τὴν θάλασσαν. ὁ δὲ εἶπεν αὐτοὶς· ἐγὼ ἀπολύω ὑμᾶς. καθ' ἡμέραν παραλήμψεσθε σημεῖα ἐκ οὐρανοῦ, δοξασθήσομαι ἐν τῇ ἐκκλησίᾳ μου καὶ εἰς ὅλον τὸν κόσμον τὸ εὐαγγέλιον μου γνωσθήσεται.

Notas

[1] Los artículos no se usan en los títulos	[3] ὁ δὲ = pero (ahora) él …
[2] ταπεινὸς = humilde, bajo	[4] τάφος, ὁ = sepulcro

Mi traducción

Unidad 19. Perfecto de indicativo activo y medio/pasivo

Análisis morfológico

Analice las siguientes formas verbales. Catalogue como deponentes en la columna que corresponde a la voz a los verbos que lo son.

	Tiempo	Voz	Modo	Persona	Número	Lema	Traducción
γέγραπται			Indicativo				
σέσωκεν							
λελάληκα							
σωθήσεται							
ἐλήλυθεν							
γεγόνατε							
ἐγέννησαν							
πέπεισμαι							
ἀκηκόαμεν							
ἠγάπα							
ἐσταύρωται							
πεπίστευκας							
καλέσουσιν							
βέβληται							
πεποίηκεν							
ἠκολουθήκαμέν							
εἰσῆλθεν							
ἑωράκασι							
εὑρήκαμεν							

Practique escribir en griego

Traduzca al griego las siguientes oraciones en español. Todos los verbos deben estar en tiempo perfecto. Utilice las palabras entre paréntesis. ¿Qué uso sugiere cada oración en español?

1.	Cristo ha sido resucitado.	(ἐγείρω)
2.	Él nos ha salvado.	(σώζω)
3.	Hemos oído el evangelio.	(ἀκούω)
4.	Ustedes me han enviado.	(ἀποστέλλω)
5.	Un hijo ha nacido.	(γεννάω)
6.	Dios ha hecho cosas buenas.	(ποιέω)
7.	Ellos han salido.	(ἐξέρχομαι)
8.	La palabra se ha cumplido.	(πληροω)
9.	Tú has visto al Señor.	(ὁράω)
10.	Yo lo he juzgado.	(κρίνω)

Practique leer oraciones en griego

Traduzca cada una de las siguientes oraciones. Traduzca los verbos en tiempo perfecto de modo que se acomode al uso indicado entre paréntesis.

11.	ἰδού, τὸ θηρίον κέκριται καὶ ἐκβέβληται ἐκ τῶν οὐρανῶν. (Intensivo)
12.	οἱ δίκαιοι εὑρήκασι ειρήνην ἐν τῷ ναῷ σοῦ καὶ λήμψονται ἐξουσίαν ἐν τῇ βασιλείᾳ σοῦ. (Extensivo)
13.	τὰ θηρία τῆς γῆς διεληλύθασιν διὰ ἐρήμων τόπων καὶ ἔφαγον λίθους ἀντὶ[25] ἄρτου. (Extensivo)
14.	τετήρηκα τὸν νόμον σοῦ καὶ οὖν σέσωκας μὲ ἀπο τῶν θηρίων ἃ ζητοῦσιν τὴν ἐμὴν ψυχὴν. (Extensivo)
15.	οἱ μὲν προφῆται ἀναβεβήκασιν εἰς τὴν συναγωγὴν, οἱ δὲ διδάσκαλοι μένει μᾶλλον ἐν τῷ ἱερῷ. (Extensivo)
16.	οἱ μαθηταὶ εἶπον τῷ Ἰωάννῳ ὅτι ὁ Πέτρος ἑώρακεν τὸν κύριον καὶ ὅτι αὐτὸς εἰσελήλυθεν εἰς τὴν Γαλιλαίαν[26]. (Extensivo)

[25] ἀντὶ = en vez de (prep. con gen.)

[26] Γαλιλαίαν = Galilea (ac. sing.)

17.	ἃ γέγραπται ἐν ταῖς γραφαῖς πεπλήρωται ἐν τοῖς ὀφθαλμοῖς ὑμῶν ταύτην τὴν ἡμέραν, ὁ Θεὸς γὰρ ἤγειρεν τὸν υἱὸν αὐτοῦ καὶ τεθεράπευκεν τὴν γῆν αὐτῶν. (Intensivo, Intensivo, Extensivo)
18.	πῶς βλέπει τυφλὸς ἄνθρωπος τε καὶ πῶς σέσωται ἁμαρτωλός, ἕκαστος γὰρ ἔγνωκεν τὴν ὁδὸν ἀλήθειας ἀλλὰ καὶ ἕκαστος αὐτὴν ἐκβέβληκεν; (Intensivo, Extensivo)
19.	εἶπεν οὖν αὐτοῖς ὁ Ἰησοῦς· ἔτι μικρὸν χρόνον μένω μεθ' ὑμῶν καὶ τότε ἀναβήσομαι εἰς τὸν οὐρανὸν, ὑμᾶς γὰρ ἠγάπηκα ἀπὸ ἀρχῆς. (Extensivo)
20.	τετήρηκας τοὺς ἐμοὺς νόμους καὶ ἀκήκοας τοὺς ἐμοὺς λόγους, καὶ οὖν ἐγῶ σοι δώσω[27] ἱμάτια δικαιοσύνης ἐν τῆς ἅγιας βασιλείας μοῦ. (Extensivo)

Practique leer el Nuevo Testamento

Las siguientes oraciones están tomadas de los versículos que se indican. Hemos realizado algunas modificaciones. Intente traducir las oraciones sin mirar los pasajes. Luego, verifique su traducción consultando una versión literal como la Biblia de las Américas. ¿Qué uso del perfecto sugiere esa versión?

21.	Πᾶς ὁ πιστεύων ὅτι Ἰησοῦς ἐστιν ὁ χριστός, ἐκ τοῦ θεοῦ γεγέννηται. (1Jn 5:1)	Πᾶς = todo aquel ὁ πιστεύων = que cree
22.	οὐ πεπίστευκεν εἰς τὴν μαρτυρίαν ἣν μεμαρτύρηκεν ὁ θεὸς περὶ τοῦ υἱοῦ αὐτοῦ. (1Jn 5:10)	μαρτυρία, ἡ = testimonio

[27] δώσω = daré

23.	καὶ ἐν τῷ νόμῳ δὲ τῷ ὑμετέρῳ γέγραπται ὅτι δύο ἀνθρώπων ἡ μαρτυρία ἀληθής ἐστιν. (Jn 8:17)	ὑμετέρῳ = vuestra (su) μαρτυρία = testimonio ἀληθής = verdadero
24.	Ἀπῆλθεν δὲ Ἀνανίας καὶ εἰσῆλθεν εἰς τὴν οἰκίαν καὶ ... εἶπεν· Σαοὺλ ἀδελφέ, ὁ κύριος ἀπέσταλκέν με. (Hch 9:17)	Ἀνανίας = Ananías Σαοὺλ = Saulo ἀδελφέ = Vocativo, sing.
25.	Οὐκ εἰμὶ ἐλεύθερος; οὐκ εἰμὶ ἀπόστολος; οὐχὶ Ἰησοῦν τὸν κύριον ἡμῶν ἑόρακα; οὐ τὸ ἔργον μου ὑμεῖς ἐστε ἐν κυρίῳ; (1Co 9:1)	ἐλεύθερος = libre
26.	τότε λέγει αὐτῷ ὁ Ἰησοῦς· ὕπαγε, σατανᾶ· γέγραπται γάρ· κύριον τὸν θεόν σου προσκυνήσεις καὶ αὐτῷ μόνῳ λατρεύσεις. (Mt 4:10)	ὕπαγε = Vete (imperativo) σατανᾶ = Satanás λατρεύω = sirvo (requiere complemento en dativo)
27.	ἤκουσαν οἱ ἐν Ἱεροσολύμοις ἀπόστολοι ὅτι δέδεκται ἡ Σαμάρεια τὸν λόγον τοῦ θεοῦ καὶ ἀπέστειλαν πρὸς αὐτοὺς Πέτρον καὶ Ἰωάννην. (Hch 8:14)	Ἱεροσολύμ = Jerusalén Σαμάρεια = Samaria
28.	εὑρίσκει Φίλιππος τὸν Ναθαναὴλ καὶ λέγει αὐτῷ· ὃν ἔγραψεν Μωϋσῆς ἐν τῷ νόμῳ καὶ οἱ προφῆται εὑρήκαμεν, Ἰησοῦν υἱὸν τοῦ Ἰωσὴφ τὸν ἀπὸ Ναζαρέτ. (Jn 1:45)	Φίλιππος = Felipe Ναθαναὴλ = Natanael Ἰωσὴφ = José Ναζαρέτ = Nazaret

Practique leer una historia

Traduzca la siguiente historia. Lea las notas que aparecen al final de la página para obtener ayuda adicional.

ΣΩΤΗΡΙΑ ΠΑΥΛΟΥ ΤΑΡΣΟΥ[1]

Παῦλος έγεννήθη έν Ταρσῷ[1]. τὰς γραφὰς έδιδάχθη ὑπὸ τῶν διδασκάλων αύτοῦ καὶ έγένετο Φαρισαῖος[2]. οὗτος έτήρειν τὸν νόμον καὶ καθ' ἡμέραν έποίειν τὰ ἔργα νόμου. έξουσίαν δὲ εἴχεν έν Ἰερουσαλὴμ[3].

Καὶ έγένετο ὡς ἤκουσεν ὅτι οἱ μαθηταὶ Ἰησοῦ έποίουν σημεῖα έν τῷ ἱερῷ καὶ ήκολούθησαν τοῦτῳ τῷ Ἰησου ὃς έσταυρωθη, ὁ Παῦλος έδίωκεν αύτοὺς καὶ άπέκτεινεν αύτοὺς. εἶπεν, έλεύσομαι δὲ είς τὴν Δαμασκὸν[4] καὶ κρατήσω ἑτέρους.

Ὁ δὲ κύριος ὤφθη τῷ Παύλῳ καὶ εἴπεν αύτῷ· διὰ τὶ[5] δεδίωκας μέ; ὁ δὲ Παῦλος άπεκρίθη, Κύριε[6], τίς[7] εἶ; ὁ δὲ Ἰησοῦς εἶπεν, ὃς έσταύρωται καὶ έκ νεκρῶν έγήγερται καὶ έστὶν ὃς λαλεῖ σοῖ. άκήκοα ἃ πεποίηκας τοῖς λαοῖς μου.

Ὁ δὲ Παῦλος τυφλὸς έγένετο καὶ οὕτως οἱ ἑπτὰ άδελφοί οἱ μετ' αύτοῦ ἤνεγκαν αῦτὸν είς τὴν Δαμασκὸν. ἔμεινεν έκεῖ τυφλὸς μικρὸν[8] χρόνον. ἦν δέ μαθητὴς έν Δαμασκῷ Άνανίας[9] καὶ ὁ θεὸς εἶπεν αύτῷ· πορεύσῃ είς Παῦλον, αύτὸς γὰρ γενήσεται άπόστολος μοῦ. Άνανίας οὖν ἦλθεν καὶ έβάπτισεν τὸν Παῦλον καὶ ήνεῴχθησαν αύτοῦ οἱ όφθαλμοί.

Notas

[1] Ταρσος, ὁ = Tarso
[2] Φαρισαῖος. ὁ = fariseo
[3] Ἰερουσαλὴμ = Jerusalén
[4] Δαμασκὸς, ἡ = Damasco
[5] διὰ τὶ = ¿Por qué?

[6] Κύριε = Señor (vocativo, discurso directo)
[7] τίς = ¿quién?
[8] μικρός = corto, breve, pequeño
[9] Άνανίας, ὁ = Ananías

Mi traducción

Unidad 20. Sustantivos de 3ra declinación

Análisis morfológico

Analice las siguientes formas nominales. Incluya todas las opciones posibles.

	Caso	Número	Género	Lema
ἐλπίδος				
νύκτας				
πνεύματα				
πόλει				
πατρός				
χάριτι				
πατὴρ				
χεῖρες				
δυνάμεων				
βασιλεύς				
πίστιν				
πνεύμασιν				
σάρκα				
βασιλέα				
πόλιν				
σὰρξ				
πατρί				
χεῖρας				
πνευμάτων				
δυνάμεις				
πίστεως				

Practique escribir en griego

Traduzca al griego las siguientes oraciones en español usando artículos griegos donde sea necesario. Emplee las desinencias correctas para los artículos, los sustantivos y los verbos, y la puntuación adecuada para las preguntas. No se preocupe por el orden de las palabras.

1.	Los padres aman a sus hijos.
2.	Oí la palabra del rey.
3.	El profeta vino en el Espíritu (solo en dativo, sin ningún artículo).
4.	Ustedes ven mi carne.
5.	Jesús estaba caminando en la ciudad.
6.	Mi esperanza está en el Señor.
7.	Vinimos por la noche (solo en genitivo sin artículo).
8.	Jesús los salvó (a ustedes) por gracia (solo en dativo sin artículo ni preposición).
9.	Sus (de ustedes, vuestros) padres están ciegos.
10.	Tienes el poder de Dios.

Practique leer oraciones en griego

Traduzca cada una de las siguientes oraciones. Verifique la puntuación para determinar si la oración es una afirmación o una pregunta.

11.	είσῆλθεν είς τὴν πόλιν νυκτός ὁ βασιλεὺς έκείνης τῆς πολεὼς ὅτι έφοβήθην τὸν λαόν.
12.	ἑωράκαμεν σάρκα τῶν ἀνθρώπων οἵ ἀπεκτανθησαν ὑπὸ τοῦ βασιλέως.
13.	έπ' ελπίδι τῆς δόξης τοῦ θεοῦ έβαπτισθησαν οἱ ἄνθρωποι τῆς πιστέως.
14.	ὑ ἀγαπητὸς μαθητὴς έδέχθη τὴν μητέρα τοῦ Ἰησοῦ είς τῇ οίκιᾳ αὑτοῦ.
15.	Τῇ γὰρ χάριτί σέσωσθε διὰ πίστεως, καὶ νῦν ζῆτε έκ πίστεως μόνον.
16.	Παῦλος έλάλησεν έν πνεύματι θεοῦ καὶ εἶπεν· οἱ πατέρες ὑμῶν τὸν κύριον τῆς δόξης έσταύρωσαν.
17.	οἱ έκ πίστεως μένουσιν έν τῆς ἀγαπῆς μοῦ καὶ περιπατοῦσιν έν ἡμέρᾳ καὶ ούκ έν νυκτὶ.

18.	τὸ πνευμα ἐλαλησεν Ἰωαννῃ καὶ εἶπεν· σὺ μαρτυρήσεις περὶ μοῦ τῇ γλώσσῃ σοῦ καὶ ποιήσεις δυνάμεις ταῖς χερσὶν σοῦ.
19.	ἐγὼ τετήρηκα τοὺς λογοὺς τοῦ πατρὸς καὶ οὖν ὁ πατὴρ δόξασει μὲ καθὼς δεδόξακα αὑτόν.
20.	αἱ χεῖρες τῶν πονηρῶν ἀπεκτείνασι τὰς μητέρας και αἱ χεῖρες τῶν ἁμαρτωλῶν ἀποκτενοῦσιν τὰς πατέρας.

Practique leer el Nuevo Testamento

Las siguientes oraciones están tomadas de los versículos que se indican. Hemos realizado algunas modificaciones. Intente traducir las oraciones sin mirar los pasajes. Luego, verifique su traducción consultando una versión literal como la Biblia de las Américas.

21.	ὅσοι γὰρ πνεύματι θεοῦ ἄγονται, οὗτοι υἱοὶ θεοῦ εἰσιν. (Ro 8:14)	
22.	Διὰ δὲ τῶν χειρῶν τῶν ἀποστόλων ἐγίνετο σημεῖα καὶ τέρατα πολλὰ ἐν τῷ λαῷ. (Hch 5:12)	τέρας, ατος, τό = prodigio, señal

23.	Δυνάμεις τε ού τὰς τυχούσας ὁ θεὸς έποίει διὰ τῶν χειρῶν Παύλου. (Hch 19:11)	ού τὰς τυχούσας = extraordinario (modismo)
24.	άλλὰ διὰ τῆς χάριτος τοῦ κυρίου Ἰησοῦ πιστεύομεν σωθῆναι ... (Hch 15:11)	σωθῆναι = ser salvos (es decir, 'que somos salvos')
25.	άπεκρίθη αύτῷ Ναθαναήλ· ῥαββί, σὺ εἶ ὁ υἱὸς τοῦ θεοῦ, σὺ βασιλεὺς εἶ τοῦ Ἰσραήλ. (Jn 1:49)	Ναθαναήλ = Natanael ῥαββί = Rabí Ἰσραήλ = Israel
26.	... καὶ έπλήσθησαν ἅπαντες τοῦ ἁγίου πνεύματος καὶ έλάλουν τὸν λόγον τοῦ θεοῦ μετὰ παρρησίας. (Hch 4:31)	έπλήσθησαν = Aor. pas. de πίμπλημι, llenar ἅπαντες = todos (nom. masc. pl.) παρρησία, -ας, ἡ = denuedo, valor
27.	Καὶ έν τῇ συναγωγῇ ἦν ἄνθρωπος ἔχων πνεῦμα δαιμονίου άκαθάρτου καὶ άνέκραξεν φωνῇ μεγάλῃ. (Lc 4:33)	ἔχων = poseído (que tenía) άκαθάρτος = inmundo άνακράζω = grito, exclamo μεγάλῃ = a gran voz (fem. dat. sing.)
28.	ὥσπερ γὰρ ἦν Ἰωνᾶς έν τῇ κοιλίᾳ τοῦ κήτους τρεῖς ἡμέρας καὶ τρεῖς νύκτας, οὕτως ἔσται ὁ υἱὸς τοῦ άνθρώπου έν τῇ καρδίᾳ τῆς γῆς τρεῖς ἡμέρας καὶ τρεῖς νύκτας. (Mt 12:40)	ὥσπερ = así como Ἰωνᾶς = Jonás κοιλία = vientre κῆτος, -ους, τό = monstruo marino τρεῖς = tres

Practique leer una historia

Traduzca la siguiente historia. Lea las notas que aparecen al final de la página para obtener ayuda adicional.

ΒΑΣΙΛΕΥΣ ΠΟΝΗΡΟΣ

Ἐγενόμην ἐν πνεύματι ἐν ἡμέρᾳ κυρίου καὶ ἤκουσα ὀπίσω[1] μου φωνὴν. ἔστρεψα[2] καὶ εἶδον ἄγγελον ὃς ἐλάλειν μοῖ. οὗτος εἶπεν, γίνεται νυξ ὡς οὐκ ἑτέρα. ἐλεύσεται πονηρὸς βασιλεῦς καὶ δυνάμεις μεγάλας[3] ποίησει. εἰσελεύσεται εἰς τὴν ἅγιαν πόλιν καὶ καθίσει[4] ἐπὶ θρόνου τοῦ Δαυὶδ. οἴσει ἐλπίδα τῷ λαῷ. ἀκολουθήσουσιν αὐτῷ οἱ τε πατέρες καὶ αἱ μητέρες μετὰ τῶν τέκνων αὐτῶν.

Ὁ δὲ τὰ κακὰ ποιήσει. ἀποκτενεῖ γὰρ χερσὶν τὰς προφήτας οἳ ἐδιδάξαν τὴν χάριτα τοῦ θεοῦ. καὶ ἐπιβλήσει[5] τὰς χεῖρας ἐπὶ τὰ τέκνα δικαιοσύνης καὶ οἱ δούλοι αὐτοῦ διώξουσιν αὐτὰ ἀπὸ πόλεως εἰς πόλιν διὰ πίστιν αὐτῶν.

Ἀλλὰ ἔσται χάρις θεοῦ ἐπ' αὐτοὺς καὶ τὸ πνεῦμα τὸ ἁγιον θεραπεύσει αὐτοὺς. καὶ τοτὲ ἐκεῖνος ὁ βασιλεῦς ὁ πονηρὸς ἐκβληθησεται ἐκ τῆς πολέως εἰς νύκτα καὶ τὴν σάρκα αὐτοῦ φάγονται τὰ θηρία. γενήσεται χαρὰ ἐν τῷ λαῷ καὶ ειρήνη, ὁ γὰρ κύριος αὐτὸς βασιλεὺς αὐτῶν ἔσται.

Notas

[1] ὀπίσω = detrás (prep. con gen.)
[2] στρέφω = me vuelvo
[3] μεγάλας = gran, grande (fem. ac. pl.)

[4] καθίζω = me siento
[5] ἐπιβάλλω = lanzo sobre, echo, pongo

Mi traducción

Unidad 21. Otros pronombres

Análisis morfológico

Analice las siguientes formas adjetivales. Incluya todas las opciones posibles.

	Caso	Número	Género	Lema
αἵτινες				
ἑαυτούς				
ἡμετέροις				
τινες				
ἀλλήλους				
τισιν				
σὸν				
σεαυτοῦ				
ὑμετέραν				
οἵτινες				
ἀλλήλοις				
τίνας				
ἥτις				
ἑαυτὴν				
τίς				
ἐμὴ				
τί				
ἐμαυτοῦ				
ἡμετέραις				
ἀλλήλων				
ἐμῷ				

Practique escribir en griego

Traduzca al griego las siguientes oraciones en español. Utilice las palabras entre paréntesis.

1.	¿Quiénes eres?
2.	Cierto rey vino a Jesús. (προσέρχομαι)
3.	Los discípulos se decían unos a otros. (λεγω, προς)
4.	Se juzga a sí mismo. (voz activa con un pronombre reflexivo)
5.	Ustedes tienen vida en ustedes mismos. (ἐν)
6.	Amo a los hombres que oyen mis palabras. (ὅστις, ἐμος)
7.	Te estás salvando a ti mismo. (voz activa con pronombre reflexivo)
8.	¿Qué cosas sabes?
9.	¿Por qué creen (ustedes) al evangelio?
10.	Vimos algunos esclavos.

Practique leer oraciones en griego

Traduzca cada una de las siguientes oraciones. Verifique la puntuación para determinar si la oración es una afirmación o una pregunta.

11.	ἐγὼ εἰμὶ τὸ φῶς τοῦ κόσμου ὅ γέγονεν εἰς τὴν γῆν.
12.	ἄλλους σὺ ἔσωσας, διὰ τὶ οὐ σώζεις σεαυτόν;
13.	τίνες ἀναβήσονται εἰς τὸ ὄρος καὶ λαλήσουσιν τῷ πατρὶ μοῦ καὶ τῇ μητρί;
14.	τίσι τῶν ῥηματῶν μου οὐ πιστευετε; καὶ διὰ τίνα διώκετε μέ;
15.	τινες μαθηταὶ τοῦ Ἰωάννου προσήλθον πρὸς Ἰησοῦν καὶ ἐπηρωτησον· συ τὶς εἶ;
16.	οἱ λοιποὶ τῶν ἀποστόλων ἔμειναν δυο ἡμέραν ἐν τινι τόπῳ πρὸς[28] τὸ ὄρος τῶν ἐλαιῶν.[29]
17.	εἰ ἀγαπᾶτε ἀλλήλους τότε μαθηταὶ μοῦ ἐστέ· καὶ ὑμεῖς ἔσεσθε φῶς βασιλεῦσι τε καὶ δούλοις.

[28] πρὸς conlleva el sentido de «cerca» en esta oración.

[29] ἐλαια, ἡ = olivo, oliva

18.	Καὶ τῇ ἡμέρᾳ τῇ τρίτῃ ὁ Ἰησοῦς εὐθὺς ὤφθη ἐν μέσῳ τῶν ἀδελφῶν καὶ προσεκύνησαν αὐτόν.
19.	ἐπ' ἐσχάτου τῶν ἡμερῶν τούτων ὁ θεὸς ἐλάλησεν ἡμῖν ἐν υἱῷ, ὃς ὑπάρχει ὡς φῶς εἰς τὸν κόσμον.
20.	Ἰδοὺ τρίτον[30] τοῦτο ἔρχομαι πρὸς ὑμᾶς, οὐ γὰρ ζητῶ τὰ ὑμέτερα ἀλλὰ ὑμᾶς.

Practique leer el Nuevo Testamento

Las siguientes oraciones están tomadas de los versículos que se indican. Hemos realizado algunas modificaciones. Intente traducir las oraciones sin mirar los pasajes. Luego, verifique su traducción consultando una versión literal como la Biblia de las Américas.

21.	Οὐ γὰρ ἑαυτοὺς κηρύσσομεν ἀλλὰ Ἰησοῦν Χριστὸν κύριον, ἑαυτοὺς δὲ δούλους ὑμῶν διὰ Ἰησοῦν. (2Co 4:5)	
22.	ἀνῆλθεν δὲ εἰς τὸ ὄρος Ἰησοῦς καὶ ἐκεῖ ἐκάθητο μετὰ τῶν μαθητῶν αὐτοῦ. (Jn 6:3)	
23.	καὶ διελογίζετο ἐν ἑαυτῷ λέγων· τί ποιήσω, ὅτι οὐκ ἔχω ποῦ συνάξω τοὺς καρπούς μου; (Lc 12:17)	διαλογίζομαι = razono, pienso λέγων = diciendo

[30] Aquí conlleva el sentido de «tercera vez».

24.	ὥσπερ γὰρ ὁ πατὴρ ἔχει ζωὴν ἐν ἑαυτῷ, οὕτως καὶ τῷ υἱῷ ἔδωκεν ζωὴν ἔχειν ἐν ἑαυτῷ. (Jn 5:26)	ὥσπερ = como ἔδωκεν = dio ἔχειν = tener
25.	ἐν τούτῳ γνώσονται πάντες ὅτι ἐμοὶ μαθηταί ἐστε, ἐὰν ἀγάπην ἔχητε ἐν ἀλλήλοις. (Jn 13:35)	πάντες = todos (Masc. nom. pl.) ἐὰν = si ἔχητε = ustedes tienen
26.	τίμα τὸν πατέρα σου καὶ τὴν μητέρα, ἥτις ἐστὶν ἐντολὴ πρώτη ἐν ἐπαγγελίᾳ. (Ef 6:2)	τίμα = honra (imperativo) ἐπαγγελία, ἡ = una promesa
27.	εἴ τις τὸν ναὸν τοῦ θεοῦ φθείρει, φθερεῖ τοῦτον ὁ θεός· ὁ γὰρ ναὸς τοῦ θεοῦ ἅγιός ἐστιν, οἵτινές ἐστε ὑμεῖς. (1Co 3:17)	φθείρω = profano, destruyo
28.	καὶ λέγει αὐτῷ· εἰ υἱὸς εἶ τοῦ θεοῦ, βάλε σεαυτὸν κάτω· γέγραπται γὰρ ὅτι τοῖς ἀγγέλοις αὐτοῦ ἐντελεῖται περὶ σοῦ καὶ ἐπὶ χειρῶν ἀροῦσίν σε. (Mt 4:6)	βάλε = échate (imperativo) κάτω = abajo ἐντελεῖται = mandará

Practique leer una historia

Traduzca la siguiente historia. Lea las notas que aparecen al final de la página para obtener ayuda adicional.

Ο ΠΡΩΤΟΣ ΕΣΤΑΙ ΕΣΧΑΤΟΣ

άνῆλθεν δὲ ὁ Ἰησοῦς εὶς τὸ ὅρος καὶ οἱ μαθηταὶ προσῆλθον αὐτῷ καὶ έπηρωτήσαν· τίς ἔσται πρῶτος έν τῇ βασιλείᾳ τοῦ θεοῦ; ὁ δὲ Ἰησοῦς άπεκρίθη καὶ εἶπεν αὐτοῖς ὅτι οἱ βασιλεῖς τῆς γῆς άγαπῶσιν ἑαυτοὺς καὶ έσθίουσιν καὶ πίνουσιν μεθ' ἑαυτῶν μόνον καὶ ούχὶ ζητοῦσιν τοὺς πτωχοὺς[1]. καὶ οὖν οἱ δοῦλοι αὐτῶν είσελεύσονται είς τὴν βασιλείαν τῶν ούρανῶν πρὸ αὐτῶν.

Οἱ διδάσκαλοι τοῦ νόμου γινώσκουσιν ἃ καλὰ έστὶν και ού ποιοῦσιν ταῦτα. φῶτα ούκ ἔχουσιν έν ἑαυτοῖς καὶ περιπατοῦσιν έν σκοτίᾳ[2]. καὶ οὖν οἱ μάθηται αὐτῶν είσελεύσονται είς τὴν βασιλείαν τῶν ούρανῶν πρὸ αὐτῶν.

Τοτὲ έλαλησεν ὁ Ἰησοῦς αὐτοῖς τὴν παραβολὴν ταύτην. άνέβαινεν δὲ τις δοῦλος είς Ἰεροσόλυμα[3] έν τῇ έσχάτῃ ἡμέρᾳ τῆς ἑορτῆς[4]. έγενήθη δὲ ἄνθρωπος τυφλὸς έν μέσῳ τοῦ ὄχλου. ἤσθιον δὲ καὶ ἔπινον πάντες[5] τῶν λαῶν καὶ ούδεὶς[6] έλαλησεν τῷ τυφλῷ. εὐθὺς ὁ δοῦλος έκεῖνος ἔδωκεν[7] αὐτῷ τὸν λοιπὸν ἄρτον αὐτοῦ καὶ έθεράπευσεν τὸν τυφλον, καὶ οὖν εἶδεν τὴν φῶτα ἡμέρας. άμὴν έγὼ λέγω ὑμῖν ὅτι ὁ δοῦλος οὗτος πρῶτος ἔσται έν τῇ βασιλείᾳ τοῦ θεοῦ. οἱ γὰρ πρῶτοι είσὶν οἳ άγαπῶσιν άλλήλους.

Notas

[1] πτωχος = pobre	[4] ἑορτή, ἡ = fiesta
[2] σκοτία, ἡ = tiniebla	[5] πάντες = todos (nom. masc. pl.)
[3] Ἰεροσόλυμα = Jerusalén	[6] ούδεὶς = ninguno (nom. sing.)
	[7] έδωκεν = dio

Mi traducción

Unidad 22. Adjetivos de 3ra declinación e irregulares

Análisis morfológico

Analice las siguientes formas adjetivales. Incluya todas las opciones posibles.

	Caso	Número	Género	Lema
πᾶσαν				
πολλοί				
οὐδέν				
μέγας				
ἕνα				
πάντες				
πολλῆς				
μεγάλην				
πάντα				
μηδενί				
πάσαις				
γραμματεῖς				
στόματος				
πολὺς				
πάντων				
μείζονας				
μέγαν				
μηδένα				
πολλαὶ				
αἰῶνα				
μεγάλῃ				

Practique escribir en griego

Traduzca al griego las siguientes oraciones en español.

1.	No dije nada.
2.	Nadie me ve.
3.	Pablo era uno de los apóstoles.
4.	El esclavo tiene una sola lengua.
5.	Él conoce todas las cosas.
6.	Hablamos a todos los esclavos.
7.	Jesús habló muchas parábolas.
8.	Muchos vinieron a él.
9.	El ángel dijo a gran voz.
10.	¿Quién es mayor?

Practique leer el Nuevo Testamento

Las siguientes oraciones están tomadas de los versículos que se indican. Hemos realizado algunas modificaciones. Intente traducir las oraciones sin mirar los pasajes. Luego, verifique su traducción consultando una versión literal como la Biblia de las Américas.

11.	Καὶ εἶδον, καὶ ἤκουσα φωνὴν ἀγγέλων πολλῶν. (Ap 5:11)	
12.	οὗτος μέγας κληθήσεται ἐν τῇ βασιλείᾳ τῶν οὐρανῶν. (Mt 5:19)	
13.	καὶ ἀπεκρίθη αὐτῷ εἷς ἐκ τοῦ ὄχλου· διδάσκαλε, ἤνεγκα τὸν υἱόν μου πρὸς σέ. (Mr 9:17)	διδάσκαλε = maestro (discurso directo)
14.	ταῦτα πάντα ἐλάλησεν ὁ Ἰησοῦς ἐν παραβολαῖς τοῖς ὄχλοις καὶ χωρὶς παραβολῆς οὐδὲν ἐλάλει αὐτοῖς. (Mt 13:34)	χωρὶς = sin (prep. con gen.)
15.	ὅστις οὖν ταπεινώσει ἑαυτὸν ὡς τὸ παιδίον τοῦτο, οὗτός ἐστιν ὁ μείζων ἐν τῇ βασιλείᾳ τῶν οὐρανῶν. (Mt 18:4)	ταπεινόω = me humillo
16.	μετὰ δὲ πολὺν χρόνον ἔρχεται ὁ κύριος τῶν δούλων ἐκείνων καὶ συναίρει λόγον μετ᾽ αὐτῶν. (Mt 25:19)	συναίρω = hago cuentas, arreglo cuentas

17.	καὶ ἐγένετο φόβος μέγας ἐφ' ὅλην τὴν ἐκκλησίαν καὶ ἐπὶ πάντας τοὺς ἀκούοντας ταῦτα. (Hch 5:11)	τοὺς ἀκούοντας = los que oyeron
18.	Στέφανος δὲ πλήρης χάριτος καὶ δυνάμεως ἐποίει τέρατα καὶ σημεῖα μεγάλα ἐν τῷ λαῷ. (Hch 6:8)	πλήρης = lleno τέρατα = prodigios (neut, ac. pl.)
19.	Πάντες γὰρ υἱοὶ θεοῦ ἐστε διὰ τῆς πίστεως ἐν Χριστῷ Ἰησοῦ. (Gá 3:26)	
20.	Ἓν σῶμα καὶ ἓν πνεῦμα, καθὼς καὶ ἐκλήθητε ἐν μιᾷ ἐλπίδι τῆς κλήσεως ὑμῶν. (Ef 4:4)	
21.	πάντες γὰρ ὑμεῖς υἱοὶ φωτός ἐστε καὶ υἱοὶ ἡμέρας. Οὐκ ἐσμὲν νυκτὸς οὐδὲ σκότους. (1Ts 5:5)	σκότος, -ους, τό = tiniebla
22.	Καὶ ἐξῆλθεν πάλιν παρὰ τὴν θάλασσαν· καὶ πᾶς ὁ ὄχλος ἤρχετο πρὸς αὐτόν, καὶ ἐδίδασκεν αὐτούς. (Mr 2:13)	
23.	καὶ πολλοὶ τελῶναι καὶ ἁμαρτωλοὶ συνανέκειντο τῷ Ἰησοῦ καὶ τοῖς μαθηταῖς αὐτοῦ· ἦσαν γὰρ πολλοὶ καὶ ἠκολούθουν αὐτῷ. (Mr 2:15)	τελώνης, -ου, ὁ = publicano συνανάκειμαι = me siento a la mesa con, me reclino en compañía de

24.	Συνήγαγον οὖν οἱ ἀρχιερεῖς καὶ οἱ Φαρισαῖοι συνέδριον καὶ ἔλεγον· τί ποιοῦμεν ὅτι οὗτος ὁ ἄνθρωπος πολλὰ ποιεῖ σημεῖα; (Jn 11:47)	ἀρχιερεύς, -έως, ὁ = sumo sacerdote συνέδριον = sanedrín
25.	Πολλὰ μὲν οὖν καὶ ἄλλα σημεῖα ἐποίησεν ὁ Ἰησοῦς ἐνώπιον τῶν μαθητῶν αὐτοῦ, ἃ οὐκ ἔστιν γεγραμμένα ἐν τῷ βιβλίῳ τούτῳ. (Jn 20:30)	γεγραμμένα = escritas
26.	Μετὰ τοῦτο κατέβη εἰς Καφαρναοὺμ αὐτὸς καὶ ἡ μήτηρ αὐτοῦ καὶ οἱ ἀδελφοὶ αὐτοῦ καὶ οἱ μαθηταὶ αὐτοῦ καὶ ἐκεῖ ἔμειναν οὐ πολλὰς ἡμέρας. (Jn 2:12)	Καφαρναοὺμ = Capernaúm
27.	ἐν τούτῳ γινώσκετε τὸ πνεῦμα τοῦ θεοῦ· πᾶν πνεῦμα ὃ ὁμολογεῖ Ἰησοῦν Χριστὸν ἐν σαρκὶ ἐληλυθότα ἐκ τοῦ θεοῦ ἐστιν. (1Jn 4:2)	ὁμολογεω = confieso ἐληλυθότα = ha venido (participio que modifica a Jesús)
28.	οὐκ ἔστιν δοῦλος μείζων τοῦ κυρίου αὐτοῦ. εἰ ἐμὲ ἐδίωξαν, καὶ ὑμᾶς διώξουσιν· εἰ τὸν λόγον μου ἐτήρησαν, καὶ τὸν ὑμέτερον τηρήσουσιν. (Jn 15:20)	τὸν ὑμέτερον = la vuestra, la de ustedes.

Practique leer una historia

Traduzca la siguiente historia. Lea las notas que aparecen al final de la página para obtener ayuda adicional.

ΠΕΡΙ ἸΩΑΝΝΟΥ

Ὁ δὲ Ἰησοῦς ἔλεγεν παντὶ τῷ λαῷ περὶ Ἰωάννου· τί ἐξήλθατε εἰς τὴν ἔρημον ἰδεῖν[1]; τις δοῦλος ἤ τι τέκνον; ἀλλὰ τί ἐξήλθατε ἰδεῖν[1]; τις βασιλεῦς ἤ τις γραμματεύς; βασιλεῖς ἐν τοῖς βασιλείοις[2] εἰσίν. ἀλλὰ τί ἐξήλθατε ἰδεῖν[1]; τις προφήτην; ναὶ[3] λέγω ὑμῖν, καὶ πλείονα προφήτου. οὗτός ἐστιν περὶ οὗ γέγραπται·

> ἰδοὺ ἐγὼ ἀποστέλλω τὸν ἄγγελόν μου πρὸ προσώπου
> σου, ὃς κατασκευάσει[4] τὴν ὁδόν σου ἔμπροσθέν σου.

Ἀμὴν λέγω ὑμῖν· οὐδεὶς ἐγήγερται μείζων Ἰωάννου τοῦ βαπτιστοῦ[5]· ὁ δὲ μικρότερος[6] ἐν τῇ βασιλείᾳ τῶν οὐρανῶν μείζων αὐτοῦ ἐστιν. πάντες γὰρ οἱ προφῆται καὶ ὁ νόμος ἕως[7] Ἰωάννου ἐπροφήτευσαν[8] περὶ αὐτοῦ· καὶ αὐτός ἐστιν Ἠλίας[9] περὶ οὗ οἱ προφήται ἐλάλησαν πάντα ταῦτα. καθὼς ἐλάλησεν κύριος ὁ θεὸς διὰ στόματος τῶν ἁγίων προφητῶν αὐτοῦ ἀπ' αἰώνων·

> πᾶσα σὰρξ ὡς χόρτος[10] καὶ πᾶσα δόξα αὐτῆς ὡς
> ἄνθος[11] χόρτου· ἐξηράνθη[12] ὁ χόρτος καὶ τὸ ἄνθος
> ἐξέπεσεν[13]· τὸ δὲ ῥῆμα κυρίου μένει εἰς τὸν αἰῶνα.

Notas

[1] ἰδεῖν = ver
[2] βασίλειος, ὁ = palacio
[3] ναὶ = sí
[4] κατασκευάζω = preparo
[5] βαπτιστής, ὁ = baptizador, bautista

[6] μικρότερος = menor, el menor
[7] ἕως = hasta (prep. con complemento en gen.)
[8] προφητεύω = profetizo
[9] Ἠλίας, ὁ = Elías
[10] χόρτος, ου, ὁ = hierba

[11] ἄνθος, ους, το = flor
[12] ξηραίνω = (me) seco
[13] ἐκπίπτω = caigo

Mi traducción

Unidad 23. Participios de presente

Análisis morfológico

Analice los siguientes participios. Para los verbos deponentes, catalogue la voz como deponente.

	Tiempo	Voz	Modo	Género	Número	Caso	Lema
λέγοντες	Presente		Participio				
οὖσιν							
διδάσκων							
ἐρχόμενον							
ζῶντος							
γινόμενα							
λαλουμένοις							
ὤν							
πορευόμενοι							
οὖσαν							
αἰτοῦντι							
ἔχον							
βλεπομένη							
ἀκούουσιν							
ἐκβαλλομένους							
θεωροῦντας							
καταβαίνουσαν							
καθημένοις							

Practique escribir en griego

Escriba el sustantivo y el participio adecuado. Recuerde que el sustantivo y el participio deben coincidir en cuanto al número, el género y el caso. Use las palabras entre paréntesis.

1.	del profeta (Gen.) diciendo	(λέγω)
2.	en la ciudad (Ac.) llamada	(καλέω)
3.	a los niños (Dat.) que se sientan	(καθήμαι)
4.	una mujer (Nom.) que era	(είμί)
5.	mujeres (Nom.) mirando	(θεωρεω)
6.	una multitud (Dat.) siguiendo	(άκολουθέω)
7.	los ojos (Nom.) que ven	(βλέπω)
8.	a Jesús (Dat.) caminando	(περιπατέω)
9.	de Pedro (Gen.) que es	(είμί)
10.	de ángeles (Gen.) diciendo	(λαλέω)
11.	la esperanza (Nom.) que se ve	(βλέπω)
12.	un alma viviente (Ac.)	(ζάω)

13.	Juan (Nom.) predicando (κηρύσσω)
14.	El espíritu (Ac.) descendiendo (καταβαίνω)
15.	a un hombre (Dat.) que vivía (ζάω)
16.	en el siglo (Dat.) venidero (γινόμαι)
17.	la mujer (Nom.) que tenía (ἔχω)
18.	de mujeres (Gen.) testificando (μαρτυρέω)
19.	Nosotros (Nom.) que somos (είμί)
20.	a un esclavo (Dat.) que hace (ποιέω)
21.	a él (Ac.) yendo (πορευόμαι)
22.	una voz (Ac.) que decía (λέγω)
23.	Los gentiles (Nom.) persiguiendo (διώκω)
24.	espíritus que son enviados (Ac.) (ἀποστέλλω)

Practique leer el Nuevo Testamento

Las siguientes oraciones están tomadas de los versículos que se indican. Hemos realizado algunas modificaciones. Intente traducir las oraciones sin mirar los pasajes. Luego, verifique su traducción consultando una versión literal como la Biblia de las Américas e identifique el sentido adverbial en esa traducción.

25.	ἡμεῖς γὰρ ναὸς θεοῦ ἐσμεν ζῶντος. (2Co 6:16)	
26.	εἰσὶν γὰρ πνεύματα δαιμονίων ποιοῦντα σημεῖα. (Ap 16:14)	
27.	ἤκουσεν φωνὴν λέγουσαν αὐτῷ· Σαοὺλ Σαούλ, τί με διώκεις; (Hch 9:4)	Σαοὺλ = Saulo
28.	καὶ ἄλλος ἄγγελος ἐξῆλθεν ἐκ τοῦ ναοῦ κράζων ἐν φωνῇ μεγάλῃ. (Ap 14:15)	
29.	καὶ ἤκουσαν οἱ δύο μαθηταὶ αὐτοῦ λαλοῦντος καὶ ἠκολούθησαν τῷ Ἰησοῦ. (Jn 1:37)	
30.	οἱ δὲ ἐν τῷ πλοίῳ προσεκύνησαν αὐτῷ λέγοντες· ἀληθῶς θεοῦ υἱὸς εἶ. (Mt 14:33)	ἀληθῶς = verdaderamente

31.	ὁ Πέτρος βλέπει τὸν μαθητὴν ὃν ἠγάπα ὁ Ἰησοῦς ἀκολουθοῦντα. (Jn 21:20)	
32.	Ὁ θεὸς τῆς δόξης ὤφθη τῷ πατρὶ ἡμῶν Ἀβραὰμ ὄντι ἐν τῇ Μεσοποταμίᾳ. (Hch 7:2)	Ἀβραὰμ = Abraham Μεσοποταμία, ἡ = Mesopotamia
33.	Καὶ ἀναβαίνων ὁ Ἰησοῦς εἰς Ἱεροσόλυμα παρέλαβεν τοὺς δώδεκα [μαθητὰς] κατ' ἰδίαν καὶ ἐν τῇ ὁδῷ εἶπεν αὐτοῖς. ... (Mt 20:17)	Ἱεροσόλυμα = Jerusalén κατ' ἰδίαν = aparte, en privado
34.	καὶ ὄψονται τὸν υἱὸν τοῦ ἀνθρώπου ἐρχόμενον ἐπὶ τῶν νεφελῶν τοῦ οὐρανοῦ μετὰ δυνάμεως καὶ δόξης πολλῆς. (Mt 24:30)	νεφέλη, ἡ = nube
35.	ὄψεσθε τὸν υἱὸν τοῦ ἀνθρώπου καθήμενον ἐκ δεξιῶν τῆς δυνάμεως καὶ ἐρχόμενον ἐπὶ τῶν νεφελῶν τοῦ οὐρανοῦ. (Mt 26:64)	δεξιός, α, ον = diestra νεφέλη, ἡ = nube

Practique leer una historia

Traduzca la siguiente historia. Lea las notas que aparecen al final de la página para obtener ayuda adicional.

ΓΕΝΕΣΙΣ[1] ἸΗΣΟΥ

Τοῦ δὲ Ἰησοῦ Χριστοῦ ἡ γένεσις[1] οὕτως ἦν. ἡ Μαρίας[2] εὑρέθη ἐν γαστρὶ[3] ἔχουσα ἐκ πνεύματος ἁγίου. Ἰωσὴφ[4] δὲ ὁ ἀνὴρ αὐτῆς, δίκαιος ὢν καὶ μὴ θέλων[5] αὐτὴν δειγματίσαι[6], ἐβουλήθη[7] λάθρᾳ[8] ἀπολῦσαι[9] αὐτήν.

Ἰδοὺ ἄγγελος κυρίου ὤφθη αὐτῷ λέγων· Ἰωσὴφ υἱὸς Δαυίδ[10], μὴ φοβηθῇς[11] παραλαβεῖν[12] Μαρίαν τὴν γυναῖκά σου· τὸ γὰρ ἐν αὐτῇ τέκνον ἐκ πνεύματός ἐστιν ἁγίου. τέξεται[13] δὲ υἱόν, καὶ καλέσεις τὸ ὄνομα αὐτοῦ Ἰησοῦν· αὐτὸς γὰρ σώσει τὸν λαὸν αὐτοῦ ἀπὸ τῶν ἁμαρτιῶν αὐτῶν. καὶ πληρωθήσεται τὸ ῥῆμα ὑπὸ κυρίου διὰ τοῦ προφήτου λέγοντος·

> Ἰδοὺ ἡ παρθένος[14] ἐν γαστρὶ[3] ἕξει καὶ τέξεται υἱόν, καὶ
> καλέσουσιν τὸ ὄνομα αὐτοῦ Ἐμμανουήλ[15],

ὅ ἐστιν μεθερμηνευόμενον[16] μεθ' ἡμῶν ὁ θεός.

Ὁ δὲ Ἰωσὴφ ἐποίησεν πάντα ἃ ἐλάλησεν αὐτῷ ὁ ἄγγελος κυρίου καὶ παρέλαβεν τὴν γυναῖκα αὐτοῦ, καὶ ἐκάλεσεν τὸ ὄνομα αὐτοῦ Ἰησοῦν.

Notas

[1] γένεσις, -εως, ἡ = nacimiento
[2] Μαρία, ἡ = María
[3] ἐν γαστρὶ ἔχουσα = una expresión idiomática que significa «estar encinta»
[4] Ἰωσὴφ = José
[5] θέλω = deseo
[6] δειγματίσαι = exponer a vergüenza pública, infamar (infinitivo)
[7] βούλομαι = quiero, decido
[8] λάθρᾳ = secretamente
[9] ἀπολῦσαι = divorciar(se) (infinitivo)
[10] Δαυίδ = David
[11] μὴ φοβηθῇς = no temas
[12] παραλαβεῖν = tomar (infinitivo)
[13] τέξεται = dará a luz (τίκτω)
[14] παρθένος, ἡ = virgen
[15] Ἐμμανουήλ = Emanuel
[16] μεθερμηνεύω = traduzco

Mi traducción

Unidad 24. Participios de aoristo

Análisis morfológico

Analice los siguientes participios. Hay formas del presente y del aoristo. Para los verbos deponentes, catalogue la voz como deponente.

	Tiempo	Voz	Modo	Género	Número	Caso	Lema
ἐγερθείς			Participio				
ἀκούσαντες							
εἰσελθοῦσαι							
ἀρξάμενος							
ἐλθών							
ἔχοντα							
λαληθείσης							
λέγουσα							
κηρυχθέντος							
καθήμενος							
ἀγαπήσαντος							
βληθέν							
λέγων							
ἐξελθοῦσα							
ποιήσας							
ἐξελθών							
ὄντες							
γενομένου							
πέμψας							
λαλοῦντος							

Practique escribir en griego

Traduzca al griego las siguientes expresiones en español. Asegúrese de que los participios concuerden en género, número y caso con el sustantivo o el pronombre que modifican. Use las palabras entre paréntesis.

1.	Jesús (Nom.) habiendo respondido (ἀποκρίνομαι)
2.	La mujer (Ac.) habiendo oído (ἀκούω)
3.	Los esclavos (Dat.) habiendo creído (πιστεύω)
4.	Los discípulos (Gen.) habiendo hablado (λαλέω)
5.	Jesús (Nom.) habiendo resucitado (ἐγείρω)
6.	La multitud (Nom.) habiendo venido (ἔρχομαι)
7.	La madre (Gen.) habiendo oído (ἀκούω)
8.	La promesa (Ac.) habiendo sido hecha(ποιέω)
9.	Yo (Nom, masc.) habiendo descendido (καταβαίνω)
10.	Pablo (Dat.) habiendo creído (πιστεύω)

Practique escribir en griego

Traduzca al griego las siguientes oraciones reemplazando la cláusula temporal en español con un participio y, si es necesario, colocando el sujeto nominal en la cláusula principal. Analice el ejemplo.

Ejemplo:	Después que Jesús tomó *su* mano, lo sanó.
	κράτησας τὴν χεῖρα, ὁ Ἰησοῦς ἐθεράπευσεν αὐτόν.

11.	Después que los discípulos glorificaron a Dios, se fueron del templo.
12.	Después que las mujeres vinieron, hablaron con Jesús.
13.	Después que los maestros enseñaron a los discípulos, entraron en la casa.
14.	Después que Jesús nació, su madre se alegró.
15.	Después que el pan fue recibido, lo comimos.
16.	Después que fue bautizado, hablamos con él.
17.	Después que Pablo creyó, predicó el evangelio.

Practique leer el Nuevo Testamento

Las siguientes oraciones están tomadas de los versículos que se indican. Hemos realizado algunas modificaciones. Intente traducir las oraciones sin mirar los pasajes. Luego, verifique su traducción consultando una versión literal como la Biblia de las Américas e identifique el sentido adverbial en esa traducción.

18.	καὶ ἐγερθεὶς ὁ Ἰησοῦς ἠκολούθησεν αὐτῷ καὶ οἱ μαθηταὶ αὐτοῦ. (Mt 9:19)
19.	ὁ δὲ Ἰησοῦς κρατήσας τῆς χειρὸς αὐτοῦ ἤγειρεν αὐτόν. (Mr 9:27)
20.	καὶ ἀποκριθεὶς ὁ Ἰησοῦς λέγει αὐτοῖς· ἔχετε πίστιν θεοῦ. (Mr 11:22)
21.	ὁ υἱὸς τοῦ ἀνθρώπου ἐλθὼν εὑρήσει τὴν πίστιν ἐπὶ τῆς γῆς; (Lc 18:8)
22.	οὗτος προσελθὼν τῷ Πιλάτῳ ᾐτήσατο τὸ σῶμα τοῦ Ἰησοῦ. (Lc 23:52)
23.	εἰσελθοῦσαι δὲ αἱ γυναῖκες οὐχ εὗρον τὸ σῶμα τοῦ κυρίου Ἰησοῦ. (Lc 24:3)
24.	Ἐν τῇ ἡμέρᾳ ἐκείνῃ ἐξελθὼν ὁ Ἰησοῦς τῆς οἰκίας ἐκάθητο παρὰ τὴν θάλασσαν. (Mt 13:1)
25.	Ἤκουσεν Ἰησοῦς ὅτι ἐξέβαλον αὐτὸν ἔξω καὶ εὑρὼν αὐτὸν εἶπεν· σὺ πιστεύεις εἰς τὸν υἱὸν τοῦ ἀνθρώπου; (Jn 9:35)

26.	Καὶ ἐλθόντων πρὸς τὸν ὄχλον προσῆλθεν αὐτῷ ἄνθρωπος γονυπετῶν αὐτὸν. (Mt 17:14)	γονυπετέω = me arrodillo
27.	καὶ αἰτήσας πινακίδιον ἔγραψεν λέγων· Ἰωάννης ἐστὶν ὄνομα αὐτοῦ. καὶ ἐθαύμασαν πάντες. (Lc 1:63)	πινακίδιον, τό = tablilla θαυμάζω = me maravillo
28.	Τοῦτο δὲ πάλιν δεύτερον σημεῖον ἐποίησεν ὁ Ἰησοῦς ἐλθὼν ἐκ τῆς Ἰουδαίας εἰς τὴν Γαλιλαίαν. (Jn 4:54)	δεύτερον = segundo/a Ἰουδαία, ἡ = Judea Γαλιλαία, ἡ = Galilea
29.	Χριστὸς ἐγερθεὶς ἐκ νεκρῶν οὐκέτι ἀποθνῄσκει, θάνατος αὐτοῦ οὐκέτι κυριεύει. (Ro 6:9)	κυριεύω = enseñoreo, domino
30.	ὁ δὲ ἀποκριθεὶς εἶπεν· γέγραπται· οὐκ ἐπ' ἄρτῳ μόνῳ ζήσεται ὁ ἄνθρωπος, ἀλλ' ἐπὶ παντὶ ῥήματι ἐκπορευομένῳ διὰ στόματος θεοῦ. (Mt 4:4)	ἐκπορεύομαι = salgo
31.	ἐλθόντι δὲ εἰς τὴν οἰκίαν προσῆλθον αὐτῷ οἱ τυφλοί, καὶ λέγει αὐτοῖς ὁ Ἰησοῦς· πιστεύετε ὅτι δύναμαι τοῦτο ποιῆσαι; λέγουσιν αὐτῷ· ναὶ κύριε. (Mt 9:28)	δύναμαι = puedo ποιῆσαι = hacer ναὶ κύριε = sí, Señor.

Practique leer una historia

Traduzca la siguiente historia. Lea las notas que aparecen al final de la página para obtener ayuda adicional.

ΙΗΣΟΥΣ ΕΓΕΙΡΕΙ ΚΟΡΑΣΙΟΝ[7] ΚΑΙ ΘΕΡΑΠΕΥΕΙ ΤΟΥΣ ΤΥΦΛΟΥΣ

Ἰδοὺ ἄρχων[1] εἷς ἐλθὼν προσεκύνει αὐτῷ λέγων ὅτι ἡ θυγάτηρ[2] μου ἄρτι[3] ἐτελεύτησεν[4]· ἀλλὰ ἐλθὼν ἐπίθες[5] τὴν χεῖρά σου ἐπ' αὐτήν, καὶ ζήσεται. καὶ ἐγερθεὶς ὁ Ἰησοῦς ἠκολούθησεν αὐτῷ καὶ οἱ μαθηταὶ αὐτοῦ.

Καὶ ἐλθὼν ὁ Ἰησοῦς εἰς τὴν οἰκίαν τοῦ ἄρχοντος καὶ ἰδὼν τὸν ὄχλον ἔλεγεν· ἀναχωρεῖτε[6], οὐ γὰρ ἀπέθανεν τὸ κοράσιον[7] ἀλλὰ καθεύδει[8]. ὅτε δὲ ἐξεβλήθη ὁ ὄχλος εἰσελθὼν ἐκράτησεν τῆς χειρὸς αὐτῆς, καὶ ἠγέρθη τὸ κοράσιον καὶ ἐξῆλθεν ἡ φήμη[9] αὕτη εἰς ὅλην τὴν γῆν ἐκείνην.

Καὶ παράγοντι[10] ἐκεῖθεν[11] τῷ Ἰησοῦ ἠκολούθησαν δύο τυφλοὶ κράζοντες καὶ λέγοντες· ἐλέησον[12] ἡμᾶς, υἱὸς Δαυίδ[13]. ἐλθόντι δὲ εἰς τὴν οἰκίαν προσῆλθον αὐτῷ οἱ τυφλοί, καὶ λέγει αὐτοῖς ὁ Ἰησοῦς· πιστεύετε ὅτι δύναμαι[13] τοῦτο ποιῆσαι[15]; λέγουσιν αὐτῷ· ναὶ κύριε[16]. τότε ἥψατο[17] τῶν ὀφθαλμῶν αὐτῶν λέγων· κατὰ τὴν πίστιν ὑμῶν γενηθήτω[18] ὑμῖν. καὶ ἠνεῴχθησαν αὐτῶν οἱ ὀφθαλμοί.

Notas

[1] ἄρχων, -οντος, ὁ = gobernante, príncipe	[10] παράγω = paso por
[2] θυγάτηρ, -τρός, ἡ = hija	[11] ἐκεῖθεν = de allí
[3] ἄρτι = ahora mismo	[12] ἐλέησον = ten misericordia de (imperativo)
[4] τελευτάω = muero	[13] Δαυίδ = David
[5] ἐπίθες = pon (imperativo)	[14] δύναμαι = puedo
[6] ἀναχωρεῖτε = regresen (imperativo)	[15] ποιῆσαι = hacer
[7] κοράσιον, τό = niña pequeña	[16] ναὶ κύριε = sí, Señor
[8] καθεύδω = estoy durmiendo	[17] ἅπτω = toco
[9] φήμη, ἡ = noticia, fama	[18] γενηθήτω = que así sea

Mi traducción

Unidad 25. Participios de perfecto

Análisis morfológico

Analice los siguientes participios. Hay formas de perfecto, de presente y de aoristo. Para los verbos deponentes, catalogue la voz como deponente.

	Tiempo	Voz	Modo	Género	Número	Caso	Lema
εἰδότες			Participio				
ἐληλυθότα			Participio				
γεγεννημένον			Participio				
εἰσελθόντες			Participio				
γεγραμμένα			Participio				
ζῶντος			Participio				
ἀπεσταλμένοι			Participio				
βεβλημένην			Participio				
ἐσταυρωμένον			Participio				
γεννηθείς			Participio				
γεγονός			Participio				
λαλῶν			Participio				
κεκλημένοι			Participio				
γεγραμμένον			Participio				
ἔχοντες			Participio				
ἠνεῳγμένον			Participio				
σεσῳσμένοι			Participio				
πεποιθώς			Participio				
ἀποκριθείς			Participio				
πεπληρωμένοι			Participio				

Practique escribir expresiones simples en griego

Traduzca al griego las siguientes oraciones en español. Asegúrese de que los participios concuerden en género, número y caso con el sustantivo o el pronombre que modifican. Use las palabras entre paréntesis.

1.	El libro (nom.) escrito por Juan	(γράφω)
2.	Las palabras (ac.) dichas por el profeta	(λαλέω)
3.	El esclavo (dat.) enviado por el Señor	(ἀποστέλλω)
4.	El hombre (gen.) nacido de Dios	(γεννάω)
5.	La obra (nom.) iniciada por Jesús	(γίνομαι)

Traduzca las siguientes oraciones usando construcciones perifrásticas de perfecto en griego (una forma del indicativo de εἰμί seguida de un participio de perfecto en el caso nominativo). Use las palabras entre paréntesis. Analice el ejemplo.

Ejemplo	Está escrito en los profetas.
	ἔστιν γεγραμμένον ἐν τοῖς προφήταις.

6.	Será desatado en el cielo.	(λύω)
7.	Las mujeres fueron sanadas.	(θεραπεύω)
8.	El hombre fue arrojado al mar.	(βάλλω)

9.	Ustedes son salvos. (σώζω)
10.	Fuimos enviados. (ἀποστέλλω)

Practique leer el Nuevo Testamento

Las siguientes oraciones están tomadas de los versículos que se indican. Hemos realizado algunas modificaciones. Intente traducir las oraciones sin mirar los pasajes. Luego, verifique su traducción consultando una versión literal como la Biblia de las Américas.

11.	Τῇ γὰρ χάριτί ἐστε σεσῳσμένοι διὰ πίστεως· καὶ τοῦτο οὐκ ἐξ ὑμῶν, θεοῦ τὸ δῶρον. (Ef 2:8)	δῶρον, τὸ = don
12.	καὶ ἐστὲ ἐν αὐτῷ πεπληρωμένοι, ὅς ἐστιν ἡ κεφαλὴ πάσης ἀρχῆς καὶ ἐξουσίας. (Col. 2:10)	
13.	καὶ ἰδοὺ προσέφερον αὐτῷ παραλυτικὸν ἐπὶ κλίνης βεβλημένον. (Mt 9:2)	παραλυτικὸς = paralítico κλίνη, = camilla
14.	οὔπω γὰρ ἦν βεβλημένος εἰς τὴν φυλακὴν ὁ Ἰωάννης. (Jn 3:24)	οὔπω = todavía no φυλακή, ἡ =prisión, cárcel
15.	Ἐγένετο ἄνθρωπος, ἀπεσταλμένος παρὰ θεοῦ, ὄνομα αὐτῷ Ἰωάννης. (Jn 1:6)	

16.	ἐκ τοῦ αἰῶνος οὐκ ἠκούσθη ὅτι ἠνέῳξέν τις ὀφθαλμοὺς τυφλοῦ γεγεννημένου. (Jn 9:32)	ἐκ τοῦ αἰῶνος = nunca (modismo)
17.	ἡμεῖς δὲ κηρύσσομεν Χριστὸν ἐσταυρωμένον, Ἰουδαίοις μὲν σκάνδαλον, ἔθνεσιν δὲ μωρίαν. (1Co 1:23)	Ἰουδαῖος, ὁ = judío σκάνδαλον, τό = piedra de tropiezo μωρία, ἡ = necedad
18.	καὶ εἴ τις οὐχ εὑρέθη ἐν τῇ βίβλῳ τῆς ζωῆς γεγραμμένος, ἐβλήθη εἰς τὴν λίμνην τοῦ πυρός. (Ap 20:15)	λίμνη, ἡ = lago
19.	ἐγώ εἰμι ἀνὴρ Ἰουδαῖος, γεγεννημένος ἐν Ταρσῷ τῆς Κιλικίας, ἀνατεθραμμένος δὲ ἐν τῇ πόλει ταύτῃ. (Hch 22:3)	Ἰουδαῖος, ὁ = judío Ταρσός, ὁ = Tarso Κιλικία, ἡ = Cilicia ἀνατρέφω = crío, educo (a un niño)
20.	καὶ ἐπεδόθη αὐτῷ βιβλίον τοῦ προφήτου Ἠσαΐου καὶ ... εὗρεν τὸν τόπον οὗ ἦν γεγραμμένον· *πνεῦμα κυρίου ἐπ' ἐμὲ.* (Lc 4:17-18a)	ἐπεδόθη = fue dado Ἠσαΐας, ὁ = Isaías
21.	ἐὰν δὲ εἴπωμεν· ἐξ ἀνθρώπων, ὁ λαὸς ἅπας καταλιθάσει ἡμᾶς, πεπεισμένος γάρ ἐστιν Ἰωάννην προφήτην εἶναι. (Lc 20:6)	ἐὰν εἴπωμεν = si decimos ἅπας = πας καταλιθάζω = apedreo hasta la muerte εἶναι = ser (que es)

22.	οἱ πατέρες ἡμῶν τὸ μάννα ἔφαγον ἐν τῇ ἐρήμῳ, καθώς ἐστιν γεγραμμένον· ἄρτον ἐκ τοῦ οὐρανοῦ ἔδωκεν αὐτοῖς φαγεῖν. (Jn 6:31)	μάννα, τὸ = maná ἔδωκεν = dio φαγεῖν = comer
23.	ὁ δὲ λέγει αὐταῖς· μὴ ἐκθαμβεῖσθε· Ἰησοῦν ζητεῖτε τὸν Ναζαρηνὸν τὸν ἐσταυρωμένον· ἠγέρθη, οὐκ ἔστιν ὧδε. (Mr 16:6)	μὴ ἐκθαμβεῖσθε = no se maravillen, no se asusten ὧδε = aquí
24.	Πολλὰ μὲν οὖν καὶ ἄλλα σημεῖα ἐποίησεν ὁ Ἰησοῦς ἐνώπιον τῶν μαθητῶν αὐτοῦ, ἃ οὐκ ἔστιν γεγραμμένα ἐν τῷ βιβλίῳ τούτῳ. (Jn 20:30)	
25.	ἐν τούτῳ γινώσκετε τὸ πνεῦμα τοῦ θεοῦ· πᾶν πνεῦμα ὃ ὁμολογεῖ Ἰησοῦν Χριστὸν ἐν σαρκὶ ἐληλυθότα ἐκ τοῦ θεοῦ ἐστιν. (1Jn 4:2)	
26.	... αὐτὸς διώδευεν κατὰ πόλιν ... κηρύσσων καὶ εὐαγγελιζόμενος τὴν βασιλείαν τοῦ θεοῦ καὶ οἱ δώδεκα σὺν αὐτῷ, καὶ γυναῖκές τινες αἳ ἦσαν τεθεραπευμέναι ἀπὸ πνευμάτων πονηρῶν. (Lc 8:1-2)	διοδεύω = voy, atravieso, recorro κατὰ πόλιν = de ciudad en ciudad
27.	καὶ λέγει αὐτῷ· ἀμὴν ἀμὴν λέγω ὑμῖν, ὄψεσθε τὸν οὐρανὸν ἀνεῳγότα καὶ τοὺς ἀγγέλους τοῦ θεοῦ ἀναβαίνοντας καὶ καταβαίνοντας ἐπὶ τὸν υἱὸν τοῦ ἀνθρώπου. (Jn 1:51)	

Practique leer una historia

Traduzca la siguiente historia. Lea las notas que aparecen al final de la página para obtener ayuda adicional.

ΠΑΡΑΒΟΛΗ ΔΕΙΠΝΟΥ[1] ΜΕΓΑΛΟΥ

Εισῆλθεν ὁ Ἰησοῦς εἰς οἶκόν τινος τῶν ἀρχόντων τῶν Φαρισαίων σαββάτῳ φαγεῖν[2] ἄρτον καὶ ἔλεγεν τῷ κεκληκότι αὐτόν τὴν παραβολὴν ταύτην.

Ὁ δὲ εἶπεν αὐτῷ· ἄνθρωπός τις ἐποίει δεῖπνον[1] μέγα, καὶ ἐκάλεσεν πολλοὺς καὶ ἀπέστειλεν τὸν δοῦλον αὐτοῦ τῇ ὥρᾳ τοῦ δείπνου εἰπεῖν[3]τοῖς κεκλημένοις· ἔρχεσθε[4], ὅτι ἤδη ἕτοιμά[5] ἐστιν. καὶ ἤρξαντο ἀπὸ μιᾶς πάντες παραιτεῖσθαι[6]. ὁ πρῶτος εἶπεν αὐτῷ· ἀγρὸν[7] ἠγόρασα[8] καὶ ἔχω ἀνάγκην[9] ἐξελθὼν ἰδεῖν[10] αὐτόν. καὶ ἕτερος εἶπεν· γυναῖκα ἔγημα[11] καὶ διὰ τοῦτο οὐ δύναμαι[12] ἐλθεῖν[13].

Τότε ὀργισθεὶς[14] ὁ κύριος εἶπεν τῷ δούλῳ αὐτοῦ· ἔξελθε[15] εἰς τὰς πλατείας[16] καὶ τοὺς πτωχοὺς[17] καὶ τυφλοὺς εἰσάγαγε[18] ὧδε. καὶ εἶπεν ὁ δοῦλος· κύριε, ἔτι τόπος ἐστίν. καὶ εἶπεν ὁ κύριος πρὸς τὸν δοῦλον· ἔξελθε[15] εἰς τὰς ὁδοὺς καὶ ἀνάγκασον[19] ἐλθεῖν[13]. λέγω γὰρ ὑμῖν ὅτι οὐδεὶς τῶν ἀνδρῶν ἐκείνων τῶν κεκλημένων φάγεται μου τοῦ δείπνου[1].

Notas

[1] δεῖπνον, τό = banquete
[2] φαγεῖν = comer
[3] εἰπεῖν = decir
[4] ἔρχεσθε = vengan, venid (imperativo)
[5] ἕτοιμος, η, ον = preparado
[6] παραιτεῖσθαι = excusarse
[7] ἀγρός, ὁ = campo
[8] ἀγοράζω = comprar
[9] ἀνάγκη, ἡ = obligación
[10] ἰδεῖν = ver

[11] γαμέω = me caso (ἔγημα es aoristo)
[12] δύναμαι = puedo
[13] ἐλθεῖν = venir
[14] ὀργίζομαι = me enojo
[15] ἔξελθε = ve (imperativo de «ir»)
[16] πλατεῖα, ἡ = calle
[17] πτωχός, η, ον = pobre
[18] εἰσάγαγε = hazlo entrar, trae (imperativo)
[19] ἀνάγκασον = fuerza, obliga (imperativo)

Mi traducción

Unidad 26. Sintaxis y traducción de los participios

Practique leer los siguientes sintagmas de participio adjetival

Traduzca los siguientes participios adjetivales, usando una cláusula relativa adecuada en español. Escriba entre paréntesis el caso del sustantivo principal después de tu traducción. Siga el ejemplo.

Ejemplo	ὁ ἄνθρωπος ὁ ἰδὼν τὸν Ἰησοῦν
	El hombre que vio a Jesús (Nominativo)

1.	τὰς γυναῖκας τὰς ἀκούουσας τὴν φωνὴν
2.	τῶν μαθητῶν τῶν ὄντων ἐν τῷ οἴκῳ
3.	τοῖς δούλοις τοῖς βαπτισθεῖσι ὑπὸ Παύλου
4.	αἱ ἐκκλησιαὶ αἱ οὖσαι ἐν Χρίστῳ
5.	τὸν λογον τὸν λαληθέντα ὑπὸ τοῦ κυρίου
6.	τὰ σημεῖα τὰ ἀνεῳγμένα
7.	τῷ λίθῳ τῷ ἐκβληθέντι
8.	τοὺς ἀποστόλους οἱ ἀποστελλομένους
9.	τῆς παραβολῆς τῆς ἀκουσθείσης

10.	ὁ βασιλεῦς ὁ ἀρξας τὸν λαόν
11.	τῶν γραμματεῶν τῶν μενόντων ἐν τῷ ἱερῳ
12.	ὁ υἱος ὁ ἐγηγερμένος ἐκ τῶν νεκρῶν

Practique leer sintagmas de participio sustantivado

Traduzca los siguientes participios sustantivados, usando el sustantivo, el pronombre o la forma verbal adecuados y una cláusula relativa en español. Escriba entre paréntesis el caso del sustantivo principal después de tu traducción. Siga el ejemplo.

Ejemplo	ὁ ἰδὼν τὸν Ἰησοῦν
	El que vio a Jesús (Nominativo)

13.	οἱ εἰσερχόμενοι εἰς τὸν ἱερον
14.	τὰ λελαλημένα ὑπο τῶν προφήτων
15.	αἱ μαρτυροῦσαι περὶ αὑτοῦ
16.	τὸν ἐκβάλλοντα δαιμόνια
17.	ὁ ἔχων τὸν βιβλίον
18.	οἱ πεμφθέντες εἰς τὴν ἐκκλησίαν

19.	πάντες οἱ ὄντες ἅγιοι
20.	τὰ πεπληρωμένα ἐν ἡμῖν
21.	τοῖς σῳζομένοις
22.	τῶν ἀκουσάντων τὴν παραβολήν
23.	τὸν ἀποστείλαντά με
24.	τούτων τῶν πιστευόντων εἰς ἐμέ

Practique leer oraciones con genitivo absoluto

Traduzca las siguientes oraciones con genitivo absoluto, usando el sustantivo en genitivo como sujeto y el participio en genitivo como el verbo principal en una cláusula temporal en español. Siga el ejemplo.

Ejemplo	Καταβάντος δὲ αὐτοῦ ἀπὸ τοῦ ὄρους ἠκολούθησαν αὐτῷ ὄχλοι.
	Y cuando descendieron del monte la multitud lo siguió.

25.	καθίσαντος αὐτοῦ προσῆλθαν αὐτῷ οἱ μαθηταὶ αὐτοῦ.
26.	καὶ ἐκβληθέντος τοῦ δαιμονίου ἐλάλησεν ὁ δοῦλος.
27.	συνηγμένων δὲ τῶν Φαρισαίων ἐπηρώτησεν αὐτοὺς ὁ Ἰησοῦς.

28.	καὶ ἐξελθόντων τῶν μαθητῶν ἐκ τοῦ πλοίου εὐθὺς ὁ ὄχλος εἶπεν.
29.	Καὶ ὄντος τοῦ Πέτρου ἐν τῇ οἰκίᾳ ἔρχεται γυνὴ αὐτῷ.
30.	γενομένης δὲ ἡμέρας ὁ Ἰησοῦς ἐπορεύθη εἰς ἔρημον τόπον.
31.	Ἀκουόντων δὲ αὐτῶν ταῦτα εἶπεν ἄλλην παραβολὴν.
32.	εἰσελθούσης τῆς γυναικὸς εἰς τῷ οἴκῳ ὁ δοῦλος ἐξῆλθεν.

Practique leer el Nuevo Testamento

Las siguientes oraciones están tomadas de los versículos que se indican. Hemos realizado algunas modificaciones. Intente traducir las oraciones sin mirar los pasajes. Luego, verifique su traducción consultando una versión literal como la Biblia de las Américas.

33.	μακάριοι οἱ δεδιωγμένοι ἕνεκεν δικαιοσύνης, ὅτι αὐτῶν ἐστιν ἡ βασιλεία τῶν οὐρανῶν. (Mt 5:10)	ἕνεκεν = a causa de (prep. con gen.)
34.	καὶ ἦσαν οἱ φαγόντες τοὺς ἄρτους πεντακισχίλιοι ἄνδρες. (Mr 6:44)	πεντακισχίλιοι = cinco mil
35.	Καὶ ἐλάλησεν αὐτοῖς πολλὰ ἐν παραβολαῖς λέγων· ἰδοὺ ἐξῆλθεν ὁ σπείρων τοῦ σπείρειν. (Mt 13:3)	τοῦ σπείρειν = a sembrar

36.	ὁ δὲ ἀποκριθεὶς εἶπεν· ὁ σπείρων τὸ καλὸν σπέρμα ἐστὶν ὁ υἱὸς τοῦ ἀνθρώπου, (Mt 13:37)	
37.	ἀποκριθεὶς δὲ Σίμων Πέτρος εἶπεν· σὺ εἶ ὁ χριστὸς ὁ υἱὸς τοῦ θεοῦ τοῦ ζῶντος. (Mt 16:16)	Σίμων, ὁ = Simón
38.	οὐ τὸ εἰσερχόμενον εἰς τὸ στόμα κοινοῖ τὸν ἄνθρωπον, ἀλλὰ τὸ ἐκπορευόμενον ἐκ τοῦ στόματος τοῦτο κοινοῖ τὸν ἄνθρωπον. (Mt 15:11)	κοινόω = profano, contamino
39.	Ἔτι λαλοῦντος τοῦ Πέτρου τὰ ῥήματα ταῦτα ἐπέπεσεν τὸ πνεῦμα τὸ ἅγιον ἐπὶ πάντας τοὺς ἀκούοντας τὸν λόγον. (Hch 10:44)	ἐπιπίπτω = caigo
40.	Ἦν Ἀνδρέας ὁ ἀδελφὸς Σίμωνος Πέτρου εἷς ἐκ τῶν δύο τῶν ἀκουσάντων παρὰ Ἰωάννου καὶ ἀκολουθησάντων αὐτῷ· (Jn 1:40)	Ἀνδρέας, ὁ = Andrés
41.	ὁ ζητῶν τὸν κύριον εὑρήσει γνῶσιν μετὰ δικαιοσύνης, οἱ δὲ ὀρθῶς ζητοῦντες αὐτὸν εὑρήσουσιν εἰρήνην. (Pr. 16:8 LXX)	γνῶσις, ἡ = conocimiento, ciencia ὀρθῶ = rectamente, correctamente

Practique leer una historia

Traduzca la siguiente historia. Lea las notas que aparecen al final de la página para obtener ayuda adicional.

ΤΟΝ ΑΡΤΟΝ ΕΚ ΤΟΥ ΟΥΡΑΝΟΥ

Εἶπεν οὖν ὁ λάος αὐτῷ· τί οὖν ποιήσεις σὺ σημεῖον, οὐ γὰρ πιστεύομεν σοι; οἱ πατέρες ἡμῶν τὸ μάννα[1] ἔφαγον ἐν τῇ ἐρήμῳ, καθὼς ἐστιν γεγραμμένον· *ἄρτον ἐκ τοῦ οὐρανοῦ ἔδωκεν[2] αὐτοῖς φαγεῖν[3].*

Εἶπεν οὖν αὐτοῖς ὁ Ἰησοῦς· ἀμὴν ἀμὴν λέγω ὑμῖν, οὐ Μωϋσῆς[4] δέδωκεν[5] ὑμῖν τὸν ἄρτον ἐκ τοῦ οὐρανοῦ, ἀλλ' ὁ πατήρ μου δίδωσιν[6] ὑμῖν τὸν ἄρτον ἐκ τοῦ οὐρανοῦ τὸν ἀληθινόν[7]· ὁ γὰρ ἄρτος τοῦ θεοῦ ἐστιν ὁ καταβαίνων ἐκ τοῦ οὐρανοῦ καὶ ζωὴν φέρων τῷ κόσμῳ.

Εἶπον οὖν πρὸς αὐτόν· ποῦ ἐστιν τὸν ἄρτον τοῦτον;

Εἶπεν αὐτοῖς ὁ Ἰησοῦς· ἐγώ εἰμι ὁ ἄρτος τῆς ζωῆς· Ἀλλ' εἶπον ὑμῖν ὅτι καὶ ἑωράκατέ με καὶ οὐ πιστεύετε. πᾶν ὃ καλεῖ μοι ὁ πατὴρ πρὸς ἐμὲ ἔρχεται, καὶ τὸν ἐρχόμενον πρὸς ἐμὲ οὐ μὴ[8] ἐκβάλω ἔξω, ὅτι καταβέβηκα ἀπὸ τοῦ οὐρανοῦ τοῦ ποιεῖν[9] τὸ θέλημα τοῦ πέμψαντός με. τοῦτο γάρ ἐστιν τὸ θέλημα τοῦ πατρός μου, ἵνα[10] πᾶς ὁ θεωρῶν τὸν υἱὸν καὶ πιστεύων εἰς αὐτὸν ἔχῃ[11] ζωὴν αἰώνιον, καὶ ἐγερῶ αὐτὸν ἐγὼ ἐν τῇ ἐσχάτῃ ἡμέρᾳ.

Notas

[1] μάννα, τὸ = Maná
[2] ἔδωκεν = dio
[3] φαγεῖν = comer
[4] Μωϋσῆς, ὁ = Moisés
[5] δέδωκεν = ha dado (3ra per. sg.)
[6] δίδωσιν = da (3ra per. sg.)

[7] ἀληθινός, ή, όν = verdadero/a
[8] οὐ μὴ = nunca
[9] τοῦ ποιεῖν = hacer
[10] ἵνα = que, a saber que, es decir
[11] ἔχῃ = que pueda tener (3ra per. sg.)

Mi traducción

Unidad 27. El infinitivo

Análisis morfológico

Analice y traduzca los siguientes verbos. Para los verbos deponentes, catalogue la voz como deponente.

	Tiempo	Voz	Modo	Lema	Traducción
σῶσαι			Infinitivo		
γενέσθαι					
σωθῆναι					
γεγονέναι					
εἶναι					
είπεῖν					
φανερωθῆναι					
ἰδεῖν					
ἀγαπᾶν					
ἐλθεῖν					
αἰτεῖσθαι					
κηρύσσειν					
ποιῆσαι					
γενηθῆναι					
πληροῦν					
δύνασθαι					
γράψαι					
λέγειν					
φαγεῖν					
σταυρωθῆναι					

Practique escribir en griego

Traduzca al griego los siguientes infinitivos en español. Use el verbo y el tiempo verbal entre paréntesis.

1.	estar abriendo el libro	(ἀνοίγω, Pres.)
2.	libertar al esclavo	(ἀπολύω, Aor.)
3.	haber visto al Señor	(ὁράω, Perf.)
4.	Estar siendo juzgado por Dios	(κρίνω, Pres.)
5.	hacer buenas obras	(ποιέω, Aor.)
6.	estar en la casa	(εἰμί, Pres.)
7.	estar diciéndole	(λέγω, Pres.)
8.	haber sido salvados de la muerte	(σώζω, Perf.)
9.	comer el pan	(ἐσθίω, Aor.)
10.	entrar en la casa	(εἰσέρχομαι, Aor.)

Practique leer infinitivos como cláusulas con complemento verbal

Traduzca las siguientes oraciones al español de la manera adecuada. Si la oración de infinitivo en griego incluye un sujeto en acusativo, tradúzcalo usando una cláusula en español o transforme el verbo principal con un verbo auxiliar en español. Siga los ejemplos.

Ejemplo	**δεῖ ποιεῖν** τὸ θέλημα τοῦ θεοῦ.
	Es necesario hacer la voluntad de Dios.
Ejemplo	**δεῖ με ποιεῖν** τὸ θέλημα τοῦ θεοῦ.
	Tengo que hacer la voluntad de Dios

11.	ὀφείλετε εἶναι διδάσκαλοι.
12.	οὐκ ἔξεστιν τοῖς σάββασιν θεραπεῦσαι.
13.	οἱ δοῦλοι ἠδύναντο κηρύξαι τὸν λόγον τοῦ θεοῦ.
14.	δεῖ με ἐλθεῖν πρὸς τὸν ἱερόν.
15.	δύνανται οἱ βασιλεῖς ἐπὶ τῶν θρόνων καθῆσθαι.
16.	μέλλετε τὸν καρπὸν φαγεῖν.
17.	δεῖ ἡμᾶς σωθῆναι τῇ πίστει.
18.	πᾶς ὁ πιστεύων εἰς τὸν θεὸν δύναται περιπατεῖν ἐν ἀληθείᾳ.

19.	ούκ ἔξεστίν σοι ἔχειν τὴν γυναῖκα τοῦ ἀδελφοῦ σου.
20.	δεῖ κηρυχθῆναι τὸ εὐαγγέλιον.

Practique leer infinitivos usados en sintagmas preposicionales

Traduzca las siguientes oraciones al español de la forma correcta. Los sintagmas preposicionales con complementos en infinitivo deben traducirse como cláusulas adverbiales. Observe los demás verbos en la oración para identificar el marco temporal adecuado. Siga el ejemplo.

Ejemplo	**έν τῷ σπείρειν αύτὸν**, τι σπέρμα ἔπεσεν παρὰ τὴν ὁδόν
	Mientras estaba sembrando, parte de la semilla cayó junto al camino.

21.	πρὸ τοῦ σε Παῦλον φωνῆσαι εἶδόν σε.
22.	έν τῷ εἶναι αύτὸν έν τόπῳ έκείνῳ ὁ ὄχλος προσῆλθεν πρὸς αύτόν.
23.	μετὰ τὸ έγερθῆναί με πέμψω τὸ ἅγιον πνεῦμα.
24.	έδιώχθημεν διὰ τὸ διδάσκειν ἡμᾶς τὸν λαὸν.
25.	έν τῷ προσεύχεσθαι αύτὸν, ὤφθη ἄγγελος αύτῷ.

26.	ὁ θεὸς σώσει ἡμᾶς διὰ τὸ εἶναι ἁγίους.
27.	ἐγὼ προσευξομαι είς τὸν θεὸν πρὸ τοῦ με φαγεῖν τὸν ἄρτον μοῦ.
28.	οἱ μαθηταὶ διδάσκουσιν ὑμᾶς είς τὸ ζῆν ὑμᾶς.
29.	κηρυχθήσεται τὸ εὐαγγέλιον είς τὸν κόσμον πρὶν ἐλθεῖν ἡμέραν κυρίου.
30.	οἱ πατέρες ὑμῶν ἐτήρησον τὸν νόμον πρὸς τὸ μένειν αὐτοὺς ἐν τὴν γῆν.

Practique leer cláusulas de infinitivo de propósito, de resultado, de complemento, de discurso indirecto y adjetivales

Traduzca las siguientes oraciones al español de la manera correcta. Después de la traducción, indique la función de la cláusula de infinitivo. Siga el ejemplo.

Ejemplo	ὁ Ἰησοῦς ἦλθεν τοῦ σῶσαι τοὺς ἁμαρτωλούς.
	Jesús vino para salvar a los pecadores. (Propósito)

31.	ἤρξατο ὁ Ἰησοῦς κηρύσσειν.

32.	θέλω ἰδεῖν τὸν δοῦλον.
33.	ἐφοβοῦντο αὐτὸν ἐπερωτῆσαι.
34.	ἦλθον δὲ καὶ οἱ γραμματεῖς βαπτισθῆναι.
35.	Ἐγένετο δὲ εἰσελθεῖν αὐτὸν εἰς τὴν συναγωγὴν.
36.	ἔχω σοί τι εἰπεῖν.
37.	ἐξῆλθον δὲ αἱ γυναῖκες ἰδεῖν τὸν κύριον.
38.	ἀπέστειλεν αὐτοὺς κηρύσσειν τὴν βασιλείαν τοῦ θεοῦ.
39.	ᾐτήσατο θεραπευθῆναι.
40.	ἐθεράπευσεν αὐτούς ὥστε τὸν ὄχλον θαυμάσαι.

Practique leer el Nuevo Testamento

Las siguientes oraciones están tomadas de los versículos que se indican. Hemos realizado algunas modificaciones. Intente traducir las oraciones sin mirar los pasajes. Luego, verifique su traducción consultando una versión literal como la Biblia de las Américas.

41.	ἀπεκρίθη ὁ ὄχλος· δαιμόνιον ἔχεις· τίς σε ζητεῖ ἀποκτεῖναι; (Jn 7:20)	
42.	λέγω γὰρ ὑμῖν ὅτι δύναται ὁ θεὸς ἐκ τῶν λίθων τούτων ἐγεῖραι τέκνα τῷ Ἀβραάμ. (Lc 3:8)	
43.	εἶπεν δὲ αὐτοῖς· ὑμεῖς δὲ τίνα με λέγετε εἶναι; Πέτρος δὲ ἀποκριθεὶς εἶπεν· τὸν χριστὸν τοῦ θεοῦ. (Lc 9:20)	
44.	πνεῦμα ὁ θεός, καὶ τοὺς προσκυνοῦντας αὐτὸν ἐν πνεύματι καὶ ἀληθείᾳ δεῖ προσκυνεῖν. (Jn 4:24)	
45.	λέγω γὰρ ὑμῖν ὅτι πολλοὶ προφῆται καὶ βασιλεῖς ἠθέλησαν ἰδεῖν ἃ ὑμεῖς βλέπετε καὶ οὐκ εἶδαν, καὶ ἀκοῦσαι ἃ ἀκούετε καὶ οὐκ ἤκουσαν. (Lc 10:24)	
46.	ἡμᾶς δεῖ ἐργάζεσθαι τὰ ἔργα τοῦ πέμψαντός με ἕως ἡμέρα ἐστίν· ἔρχεται νὺξ ὅτε οὐδεὶς δύναται ἐργάζεσθαι. (Jn 9:4)	
47.	ὁ δὲ Ἰησοῦς εἶπεν· ἄφετε τὰ παιδία … ἐλθεῖν πρός με, τῶν γὰρ τοιούτων ἐστὶν ἡ βασιλεία τῶν οὐρανῶν. (Mt 19:14)	ἄφετε = permitan, dejen (imperativo)

48.	Ἀπὸ τότε ἤρξατο ὁ Ἰησοῦς κηρύσσειν καὶ λέγειν· μετανοεῖτε· ἤγγικεν γὰρ ἡ βασιλεία τῶν οὐρανῶν. (Mt 4:17)	μετανοεῖτε = arrepiéntanse (imperativo)
49.	Ἐλθὼν δὲ ὁ Ἰησοῦς εἰς τὰ μέρη Καισαρείας τῆς Φιλίππου ἠρώτα τοὺς μαθητὰς αὐτοῦ λέγων· τίνα λέγουσιν οἱ ἄνθρωποι εἶναι τὸν υἱὸν τοῦ ἀνθρώπου; (Mt 16:13)	μέρος, ους, τό = región Καισάρεια, ας, ὁ = Cesarea Φίλιππος, ου, ὁ = Filipo

Practique leer una historia

Traduzca la siguiente historia. Lea las notas que aparecen al final de la página para obtener ayuda adicional.

Η ῾ΟΜΟΛΟΓΙΑ[19] ΠΕΤΡΟΥ

Ἐλθὼν δὲ ὁ Ἰησοῦς εἰς τὰ μέρη[1] Καισαρείας[2] τῆς Φιλίππου[3] ἠρώτα τοὺς μαθητὰς αὐτοῦ λέγων· τίνα λέγουσιν οἱ ἄνθρωποι εἶναι τὸν υἱὸν τοῦ ἀνθρώπου; οἱ δὲ εἶπαν· οἱ μὲν[4] Ἰωάννην τὸν βαπτιστήν[5], ἄλλοι δὲ Ἠλίαν[6], ἕτεροι δὲ Ἰερεμίαν[7] ἢ ἕνα τῶν προφητῶν. λέγει αὐτοῖς· ὑμεῖς δὲ τίνα με λέγετε εἶναι; ἀποκριθεὶς δὲ Σίμων[8] Πέτρος εἶπεν· σὺ εἶ ὁ χριστὸς ὁ υἱὸς τοῦ θεοῦ τοῦ ζῶντος. ἀποκριθεὶς δὲ ὁ Ἰησοῦς εἶπεν αὐτῷ· μακάριος εἶ, Σίμων[8], ὅτι σὰρξ καὶ αἷμα οὐκ ἀπεκάλυψέν[9] σοι ἀλλ᾽ ὁ πατήρ μου ὁ ἐν τοῖς οὐρανοῖς.

Ἀπὸ τότε ἤρξατο ὁ Ἰησοῦς δεικνύειν[10] τοῖς μαθηταῖς αὐτοῦ ὅτι δεῖ αὐτὸν εἰς Ἱεροσόλυμα[11] ἀπελθεῖν καὶ πολλὰ παθεῖν ἀπὸ τῶν πρεσβυτέρων καὶ ἀρχιερέων καὶ γραμματέων καὶ ἀποκτανθῆναι καὶ τῇ τρίτῃ ἡμέρᾳ ἐγερθῆναι. καὶ προσλαβόμενος[12] αὐτὸν ὁ Πέτρος ἤρξατο ἐπιτιμᾶν[13] αὐτῷ λέγων· ἵλεώς σοι[14], κύριε· οὐ μὴ ἔσται σοι τοῦτο. ὁ δὲ Ἰησοῦς εἶπεν τῷ Πέτρῳ· ὕπαγε[15] σατανᾶ[16]· σκάνδαλον[17] εἶ ἐμοῦ, ὅτι οὐ φρονεῖς[18] τὰ τοῦ θεοῦ ἀλλὰ τὰ τῶν ἀνθρώπων.

Notas

1 μέρος, ους, τό = región
2 Καισάρεια, ας, ὁ = Cesarea
3 Φίλιππος, ου, ὁ = Filipo
4 οἱ μὲν = algunos
5 βαπτιστής, ὁ = baptizador, bautista
6 Ἠλίας, ὁ = Elías
7 Ἰερεμίας, ὁ = Jeremías
8 Σίμων, ὁ = Simón
9 ἀποκαλύπτω = revelo, descubro
10 δεικνύω = muestro

11 Ἱεροσόλυμα = Jerusalén
12 προσλαμβάνω = tomo o llevo aparte
13 ἐπιτιμάω = reprendo
14 ἵλεώς σοι = *Dios tenga* misericordia de ti
15 ὕπαγε = vete, aléjate (imperativo)
16 σατανᾶ = Satánas
17 σκάνδαλον, τό = (piedra de) tropiezo
18 φρονέω = tengo en mente, pienso
19 ὁμολογία = confesión

Mi traducción

Unidad 28. El modo subjuntivo

Análisis morfológico

Analice las siguientes formas verbales. Incluya todas las opciones posibles. No todas las formas están en modo subjuntivo.

	Tiempo	Voz	Modo	Persona	Número	Lema
λέγωσιν						
πιστεύητε						
εἰδῶμεν						
ἐβαπτίσθη						
πέσῃ						
ὦσιν						
πληρωθῇ						
γράφηται						
ἐκλήθητε						
πιστεύσῃς						
ποιήσωμεν						
πληρωθῶσιν						
σωθῶσιν						
ποιήσω						
δέξωνται						
ἔλθῃ						
διέρχωμαι						
γένηται						
ᾖ						
λαλῶσιν						

Practique leer subjuntivos griegos en cláusulas dependientes

Traduzca al español las siguientes cláusulas griegas.

1.	ἵνα πληρωθῇ ὁ λόγος
2.	ὅταν ἔλθῃ ὁ υἱὸς τοῦ ἀνθρώπου
3.	ἐὰν ὑμῖν εἴπω
4.	ὅστις ἂν ποιήσῃ τὸ θέλημα τοῦ πατρός μου
5.	ἵνα ἔχωσιν τὴν χαρὰν μοῦ
6.	Ἐὰν ἁμάρτῃ ὁ ἀδελφός σου
7.	ὅταν προσεύχησθε
8.	ἵνα μὴ κριθῆτε
9.	ἐὰν προσκυνήσῃς μοι
10.	ὃς ἂν ἐσθίῃ τὸν ἄρτον

Practique leer subjuntivos griegos en cláusulas independientes

Traduzca al español las siguientes oraciones en griego. Después de la traducción, indique entre paréntesis la función del subjuntivo.

Ejemplo	ἄγωμεν είς τὴν Ἰουδαίαν πάλιν.
	Vamos a Judea otra vez. (Exhortativo)

11.	τί φάγωμεν;
12.	Ἀγαπητοί, άγαπῶμεν άλλήλους.
13.	ού μὴ πιστεύσητε.
14.	άποκτείνωμεν αύτὸν.
15.	είς πόλιν μὴ είσέλθητε.
16.	τί ποιήσωμεν τοῖς άνθρώποις τούτοις;
17.	μὴ πιστεύσητε αύτοὺς.
18.	Τί οὖν; ἁμαρτήσωμεν, ὅτι ούκ έσμὲν ὑπὸ νόμον;
19.	ού μὴ είσέλθητε είς τὴν βασιλείαν τῶν ούρανῶν.
20.	μὴ άγαπῶμεν λόγῳ μηδὲ τῇ γλώσσῃ άλλὰ έν ἔργῳ καὶ άληθείᾳ.

Practique leer el Nuevo Testamento

Las siguientes oraciones están tomadas de los versículos que se indican. Hemos realizado algunas modificaciones. Intente traducir las oraciones sin mirar los pasajes. Luego, verifique su traducción consultando una versión literal como la Biblia de las Américas.

21.	Ἀμὴν λέγω ὑμῖν· ὅσα ἐὰν δήσητε ἐπὶ τῆς γῆς ἔσται δεδεμένα ἐν οὐρανῷ, καὶ ὅσα ἐὰν λύσητε ἐπὶ τῆς γῆς ἔσται λελυμένα ἐν οὐρανῷ. (Mt 18:18)
22.	ὅτι καταβέβηκα ἀπὸ τοῦ οὐρανοῦ οὐχ ἵνα ποιῶ τὸ θέλημα τὸ ἐμὸν ἀλλὰ τὸ θέλημα τοῦ πέμψαντός με. (Jn 6:38)
23.	ἀμὴν ἀμὴν λέγω ὑμῖν, ἐάν τις τὸν ἐμὸν λόγον τηρήσῃ, θάνατον οὐ μὴ θεωρήσῃ εἰς τὸν αἰῶνα. (Jn 8:51)
24.	ὁ δὲ Ἰησοῦς ἀποκρίνεται αὐτοῖς λέγων· ἐλήλυθεν ἡ ὥρα ἵνα δοξασθῇ ὁ υἱὸς τοῦ ἀνθρώπου. (Jn 12:23)
25.	ὅταν ὁ Χριστὸς φανερωθῇ, ἡ ζωὴ ὑμῶν, τότε καὶ ὑμεῖς σὺν αὐτῷ φανερωθήσεσθε ἐν δόξῃ. (Col 3:4)

26.	Πάλιν οὖν αὐτοῖς ἐλάλησεν ὁ Ἰησοῦς λέγων· ἐγώ εἰμι τὸ φῶς τοῦ κόσμου· ὁ ἀκολουθῶν ἐμοὶ οὐ μὴ περιπατήσῃ ἐν τῇ σκοτίᾳ, ἀλλ᾽ ἕξει τὸ φῶς τῆς ζωῆς. (Jn 8:12)	
27.	ὅτι ἐὰν ὁμολογήσῃς ἐν τῷ στόματί σου κύριον Ἰησοῦν καὶ πιστεύσῃς ἐν τῇ καρδίᾳ σου ὅτι ὁ θεὸς αὐτὸν ἤγειρεν ἐκ νεκρῶν, σωθήσῃ· (Ro 10:9)	ὁμολογέω = confieso
28.	τί θέλετε; ἐν ῥάβδῳ ἔλθω πρὸς ὑμᾶς ἢ ἐν ἀγάπῃ πνεύματί τε πραΰτητος; (1Co 4:21)	ῥάβδος ἡ = vara πραΰτης, ητος, ἡ = mansedumbre
29.	προσερχώμεθα οὖν μετὰ παρρησίας τῷ θρόνῳ τῆς χάριτος, ἵνα λάβωμεν ἔλεος καὶ χάριν εὕρωμεν …. (Heb 4:16)	παρρησία, ας, ἡ = audacia osadía, confianza ἔλεος, ους, τό = misericordia

Practique leer una historia

Traduzca la siguiente historia. Lea las notas que aparecen al final de la página para obtener ayuda adicional.

Ο ΘΑΝΑΤΟΣ ΛΑΖΑΡΟΥ

Ἦν δέ τις Λάζαρος[1] ἀδελφὸς τῆς Μαρίας[2] καὶ Μάρθας[3] ὃς ἠσθένει[4]. ἀπέστειλαν οὖν αἱ ἀδελφαὶ[5] πρὸς Ἰησοῦν λέγουσαι· κύριε, ἴδου ὃν φιλεῖς[6] ἀσθενεῖ[4].

Ὁ δὲ Ἰησοῦς εἶπεν· αὕτη ἡ ἀσθένεια[7] ἔστιν ὑπὲρ τῆς δόξης τοῦ θεοῦ, ἵνα δοξασθῇ ὁ υἱὸς τοῦ θεοῦ δι' αὐτῆς. ἄγωμεν εἰς τὴν Ἰουδαίαν[8] πάλιν. λέγουσιν αὐτῷ οἱ μαθηταί· ῥαββί[9], νῦν ἐζήτουν σε λιθάσαι[10] οἱ Ἰουδαῖοι. ἀπεκρίθη Ἰησοῦς· οὐχὶ δώδεκα ὧραί εἰσιν τῆς ἡμέρας; ἐάν τις περιπατῇ ἐν τῇ ἡμέρᾳ, οὐ προσκόπτει[11], ὅτι τὸ φῶς τοῦ κόσμου τούτου βλέπει. τότε οὖν εἶπεν αὐτοῖς ὁ Ἰησοῦς· Λάζαρος ἀπέθανεν, ἀλλὰ ἄγωμεν πρὸς αὐτόν. εἶπεν οὖν Θωμᾶς[12] τοῖς μαθηταῖς· ἄγωμεν καὶ ἡμεῖς ἵνα ἀποθάνωμεν μετ' αὐτοῦ.

Ἐλθὼν οὖν ὁ Ἰησοῦς εὗρεν αὐτὸν τέσσαρας[13] ἤδη ἡμέρας ἔχοντα ἐν τῷ μνημείῳ. ἡ οὖν Μάρθα ὡς ἤκουσεν ὅτι Ἰησοῦς ἔρχεται ἐξῆλθεν αὐτῷ καὶ εἶπεν πρὸς τὸν Ἰησοῦν· κύριε, εἰ ἦς ὧδε οὐκ ἂν[14] ἀπέθανεν ὁ ἀδελφός μου· ἀλλὰ καὶ νῦν οἶδα ὅτι ὅσα ἂν αἰτήσῃ τὸν θεὸν δώσει[15] σοι ὁ θεός. εἶπεν αὐτῇ ὁ Ἰησοῦς· ἐγώ εἰμι ἡ ἀνάστασις καὶ ἡ ζωή· ὁ πιστεύων εἰς ἐμὲ κἂν[16] ἀποθάνῃ ζήσεται, καὶ πᾶς ὁ ζῶν καὶ πιστεύων εἰς ἐμὲ οὐ μὴ ἀποθάνῃ εἰς τὸν αἰῶνα. πιστεύεις τοῦτο; λέγει αὐτῷ· ναὶ κύριε, ἐγὼ πεπίστευκα ὅτι σὺ εἶ ὁ χριστὸς ὁ υἱὸς τοῦ θεοῦ ὁ εἰς τὸν κόσμον ἐρχόμενος.

Notas

1 Λάζαρος = Lázaro	6 φιλέω = amo, quiero	11 προσκόπτω = tropiezo
2 Μαρία = María	7 ἀσθένεια, ἡ = enfermedad	12 Θωμᾶς, ὁ = Tomás
3 Μάρθα = Marta	8 Ἰουδαία, ἡ = Judea	13 τέσσαρες = cuatro
4 ἀσθενέω = estoy enfermo	9 ῥαββί = Rabí	

[5] ἀδελφή, ἡ = hermana	[10] λιθάζω = mato mediante lapidación	[14] ἂν se usa aquí en una oración condicional del segundo tipo y se traduce con el pluscuamperfecto
[15] δώσει = dará (διδώμι)	[16] κἂν = aunque, aun cuando, (και + ἐαν)	

Mi traducción

Unidad 29. El modo imperativo

Análisis morfológico

Analice las siguientes formas verbales. Incluya todas las opciones posibles. No todas las formas están en modo imperativo.

	Tiempo	Voz	Modo	Persona	Número	Lema
κρίνατε						
πέμψον						
ὕπαγε						
πορεύθητι						
ἀσπάσασθε						
ὑπάγετε						
βαπτισθήτω						
ἔρχου						
πιστεύετε						
αἰτείτω						
λαλείτωσαν						
γινέσθω						
προσεύχεσθε						
ποιεῖτε						
εἰπέ						
ἀκουσάτω						
βλήθητι						
κάθου						
σῶσον						

Practique escribir en griego

Traduzca al griego las siguientes oraciones en español. Use el presente cuando lo que se ordena supone un proceso y el aoristo para las órdenes holísticas.

1.	Salúdense los unos a los otros.
2.	Tira la piedra.
3.	Que vengan los esclavos.
4.	No amen el mundo.
5.	Levanta la mano.
6.	Que el discípulo llegue a ser maestro.
7.	Anda en la verdad.
8.	Busquen el reino de Dios.
9.	Que los profetas oigan la palabra de Dios.
10.	Sígueme.

Practique leer el Nuevo Testamento

Las siguientes oraciones están tomadas de los versículos que se indican. Hemos realizado algunas modificaciones. Intente traducir las oraciones sin mirar los pasajes. Luego, verifique su traducción consultando una versión literal como la Biblia de las Américas.

11.	μὴ γίνεσθε δοῦλοι ἀνθρώπων. (1Co 7:23)	
12.	Γίνεσθε οὖν μιμηταὶ τοῦ θεοῦ ὡς τέκνα ἀγαπητὰ. (Ef 5:1)	μιμητής, ὁ = imitador
13.	ὡς τέκνα φωτὸς περιπατεῖτε. (Ef 5:8)	
14.	εί ού ποιῶ τὰ ἔργα τοῦ πατρός μου, μὴ πιστεύετέ μοι· (Jn 10:37)	
15.	Ἀσπάσασθε πάντα ἅγιον έν Χριστῷ Ἰησοῦ. ἀσπάζονται ὑμᾶς οἱ ἀδελφοί. (Fil 4:21)	
16.	ἐλθέτω ἡ βασιλεία σου· γενηθήτω τὸ θέλημά σου, ὡς ἐν οὐρανῷ καὶ ἐπὶ γῆς. (Mt 6:10)	
17.	παράλαβε τὸ παιδίον καὶ τὴν μητέρα αὐτοῦ καὶ πορεύου εἰς γῆν Ἰσραήλ. (Mt 2:20)	Ἰσραήλ = Israel

18.	Πάντα οὖν ὅσα ἐὰν θέλητε ἵνα ποιῶσιν ὑμῖν οἱ ἄνθρωποι, οὕτως καὶ ὑμεῖς ποιεῖτε αὐτοῖς· οὗτος γάρ ἐστιν ὁ νόμος καὶ οἱ προφῆται. (Mt 7:12)	
19.	τὸ βάπτισμα τὸ Ἰωάννου ἐξ οὐρανοῦ ἦν ἢ ἐξ ἀνθρώπων; ἀποκρίθητέ μοι. (Mr 11:30)	βάπτισμα, τὸ = bautismo
20.	ὁ χριστὸς ὁ βασιλεὺς Ἰσραὴλ καταβάτω νῦν ἀπὸ τοῦ σταυροῦ, ἵνα ἴδωμεν καὶ πιστεύσωμεν. (Mr 15:32)	Ἰσραήλ = Israel
21.	Καὶ ἐγένετο ἐν τῷ εἶναι αὐτὸν ἐν τόπῳ τινὶ προσευχόμενον, ... εἶπέν τις τῶν μαθητῶν αὐτοῦ πρὸς αὐτόν· κύριε, δίδαξον ἡμᾶς προσεύχεσθαι. (Lc 11:1)	
22.	ἀπεκρίθη Ἰησοῦς καὶ εἶπεν αὐτοῖς· λύσατε τὸν ναὸν τοῦτον καὶ ἐν τρισὶν ἡμέραις ἐγερῶ αὐτόν. (Jn 2:19)	
23.	λέγει αὐτῷ ὁ Ἰησοῦς· πορεύου, ὁ υἱός σου ζῇ. ἐπίστευσεν ὁ ἄνθρωπος τῷ λόγῳ ὃν εἶπεν αὐτῷ ὁ Ἰησοῦς καὶ ἐπορεύετο. (Jn 4:50)	

24.	γινωσκέτω πᾶς οἶκος Ἰσραὴλ ὅτι καὶ κύριον αὐτὸν καὶ χριστὸν ἐποίησεν ὁ θεός. (Hch 2:36)	Ἰσραήλ = Israel
25.	Οἱ ἄνδρες, ἀγαπᾶτε τὰς γυναῖκας, καθὼς καὶ ὁ Χριστὸς ἠγάπησεν τὴν ἐκκλησίαν. (Ef 5:25)	
26.	Ὁ ἔχων οὖς ἀκουσάτω τί τὸ πνεῦμα λέγει ταῖς ἐκκλησίαις. (Ap 2:29)	οὖς, ὠτός, τό = oído
27.	Σὺ δέ, ὦ ἄνθρωπε θεοῦ, ταῦτα φεῦγε· δίωκε δὲ δικαιοσύνην. (1Ti 6:11)	ὦ ἄνθρωπε = Oh hombre φεύγω = huyo
28.	καὶ περιπατεῖτε ἐν ἀγάπῃ, καθὼς καὶ ὁ Χριστὸς ἠγάπησεν ἡμᾶς καὶ παρέδωκεν ἑαυτὸν ὑπὲρ ἡμῶν. (Ef 5:2)	παρέδωκεν = dio

Practique leer una historia

Traduzca la siguiente historia. Lea las notas que aparecen al final de la página para obtener ayuda adicional.

ΠΡΟΣ ΛΑΟΔΙΚΕΙΣ[1]

Παῦλος ἀπόστολος Χριστοῦ Ἰησοῦ τοῖς ἁγίοις τοῖς ἐν Λαοδικείᾳ[2], χάρις ὑμῖν καὶ εἰρήνη ἀπὸ θεοῦ πατρὸς ἡμῶν.

Μακάριοι οἱ περιπατοῦντες ἐν τῷ φωτὶ τῆς ἀγάπης τοῦ κυρίου. ἀκούω ὑμῶν τὴν ἀγάπην καὶ τὴν πίστιν και χαίρω. ἀλλὰ δεῖ με παρακαλεῖν ὑμᾶς, ἀδελφοὺς πάντοτε.

Παρακαλῶ οὖν ὑμᾶς, τὰς ἐντολάς φυλάσσεσθε καὶ πάντα εἰς δόξαν θεοῦ ποιεῖτε. ἐπιγινώσκετε τὴν ὁδὸν μου ἐν Χριστῷ Ἰησοῦ οὕτως καὶ ὑμεῖς ποιήσατε. Ὡς οὖν παρελάβετε τὸν Χριστὸν Ἰησοῦν τὸν κύριον, ἐν αὐτῷ περιπατεῖτε.

Γίνεσθε οὖν μιμηταὶ[3] τοῦ θεοῦ ὡς τέκνα ἀγαπητὰ καὶ περιπατεῖτε ἐν ἀγάπῃ. Διώκετε τὴν ἀγάπην καὶ λαλεῖτε ἀλήθειαν ἀλλήλοις ἐν ἀγάπῃ. μηδενὶ μηδὲν ὀφείλετε εἰ μὴ τὸ ἀλλήλους ἀγαπᾶν, ὅτι ἡ ἀγάπη ἐκ τοῦ θεοῦ ἐστιν, καὶ πᾶς ὁ ἀγαπῶν ἐκ τοῦ θεοῦ γεγέννηται καὶ γινώσκει τὸν θεόν. Οἱ ἄνδρες, ἀγαπᾶτε τὰς γυναῖκας καὶ ἡ γυνὴ ἀγαπάτω τὸν ἄνδρα αὐτῆς.

Μηκέτι[4] οὖν ἀλλήλους κρίνωμεν, μὴ κρινέτω ὁ δοῦλος τὸν κατὰ σάρκα κύριον αὐτοῦ μηδὲ ὁ κύριος τὸν δοῦλον, ἀμφότεροι[5] γὰρ ἀδελφοὶ εἰσὶν ἐν τῷ κυρίῳ. ὥστε μὴ τι κρίνετε ἕως ἂν ἔλθῃ ὁ κύριος, ὃς φανερώσει πάντα.

Ἀδελφοί, προσεύχεσθε περὶ ἡμῶν. ἑαυτοὺς ἐν ἀγάπῃ θεοῦ τηρήσατε. ἀσπάσασθε ἀλλήλους ἐν φιλήματι[6] ἁγίῳ. ἀμήν.

Notas

[1] Λαοδικεύς, έως, ὁ = Laodiceo	[3] μιμητής, ὁ = imitador	[5] ἀμφότεροι = ambos
[2] Λαοδίκεια, ας, ἡ = Laodicea	[4] μηκέτι = ya no (οὐκέτι)	[6] φίλημα, τό = beso

Mi traducción

Unidad 30. Verbos en μι

Análisis morfológico

Analice las siguientes formas verbales. Incluya todas las opciones posibles. Llene los espacios solo en las columnas adecuadas.

	Tiempo	Voz	Modo	Persona	Caso	Número	Género	Lema
δέδωκα			Indicativo					
δώσει								
ἔστη								
παρέδωκεν								
ἀφεθήσεται								
στήσονται								
ἔδειξεν								
παραδώσω								
δοθήσεται								
ἀφῆκεν								
ἔφη								
δίδωσιν								
ἔθηκας								
ἀπολλύμεθα								
θήσω								
δείξω								
ἀνέστη								
ἔδωκεν								

Practique leer el Nuevo Testamento

Las siguientes oraciones están tomadas de los versículos que se indican. Hemos realizado algunas modificaciones. Intente traducir las oraciones sin mirar los pasajes. Luego, verifique su traducción consultando una versión literal como la Biblia de las Américas.

1.	οὐδὲ γὰρ ὁ πατὴρ κρίνει οὐδένα, ἀλλὰ τὴν κρίσιν πᾶσαν δέδωκεν τῷ υἱῷ. (Jn 5:22)
2.	ἐγὼ δέδωκα αὐτοῖς τὸν λόγον σου καὶ ὁ κόσμος ἐμίσησεν αὐτού. (Jn 17:14)
3.	ὁ νόμος διὰ Μωϋσέως ἐδόθη, ἡ χάρις καὶ ἡ ἀλήθεια διὰ Ἰησοῦ Χριστοῦ ἐγένετο. (Jn 1:17)
4.	καθὼς γέγραπται ὅτι πατέρα πολλῶν ἐθνῶν τέθεικά σε. (Ro 4:17)
5.	Ἀμὴν λέγω ὑμῖν ὅτι πάντα ἀφεθήσεται τοῖς υἱοῖς τῶν ἀνθρώπων. (Mr 3:28)
6.	Ἐγὼ γὰρ παρέλαβον ἀπὸ τοῦ κυρίου, ὃ καὶ παρέδωκα ὑμῖν, ὅτι ὁ κύριος Ἰησοῦς ἐν τῇ νυκτὶ ᾗ παρεδίδετο ἔλαβεν ἄρτον. (1Co 11:23)
7.	ὁ δὲ θεὸς δίδωσιν αὐτῷ σῶμα καθὼς ἠθέλησεν, καὶ ἑκάστῳ τῶν σπερμάτων ἴδιον σῶμα. (1Co 15:38)

8.	ἐξῆλθον παρὰ τοῦ πατρὸς καὶ ἐλήλυθα εἰς τὸν κόσμον· πάλιν ἀφίημι τὸν κόσμον καὶ πορεύομαι πρὸς τὸν πατέρα. (Jn 16:28)	
9.	τῇ ἡμέρᾳ ἐκείνῃ τῇ μιᾷ σαββάτων ἦλθεν ὁ Ἰησοῦς καὶ ἔστη εἰς τὸ μέσον καὶ λέγει αὐτοῖς· εἰρήνη ὑμῖν. (Jn 20:19)	
10.	εἶπεν δέ τις αὐτῷ· ἰδοὺ ἡ μήτηρ σου καὶ οἱ ἀδελφοί σου ἔξω ἑστήκασιν ζητοῦντές σοι λαλῆσαι. (Mt 12:47)	
11.	Καὶ προσκαλεσάμενος τοὺς δώδεκα μαθητὰς αὐτοῦ ἔδωκεν αὐτοῖς ἐξουσίαν πνευμάτων ἀκαθάρτων. (Mt 10:1)	προσκαλέω = llamo ἀκάθαρτος = inmundo
12.	καὶ ἰδὼν ὁ Ἰησοῦς τὴν πίστιν αὐτῶν λέγει τῷ παραλυτικῷ· τέκνον, ἀφίενταί σου αἱ ἁμαρτίαι. (Mr 2:5)	παραλυτικός = cojo, paralítico
13.	οὗτος ἔσται μέγας καὶ υἱὸς ὑψίστου κληθήσεται καὶ δώσει αὐτῷ κύριος ὁ θεὸς τὸν θρόνον Δαυὶδ τοῦ πατρὸς αὐτοῦ. (Lc 1:32)	ὑψίστος = altísimo
14.	δι' οὗ καὶ τὴν προσαγωγὴν ἐσχήκαμεν τῇ πίστει εἰς τὴν χάριν ταύτην ἐν ᾗ ἑστήκαμεν. (Ro 5:2)	προσαγωγή, ἡ = entrada

15.	Τότε παραλαμβάνει αὐτὸν ὁ διάβολος εἰς τὴν ἁγίαν πόλιν καὶ ἔστησεν αὐτὸν ἐπὶ τὸ πτερύγιον τοῦ ἱεροῦ. (Mt 4:5)	διάβολος, ὁ = el diablo πτερύγιον, τὸ = pináculo
16.	Ἀποκάλυψις Ἰησοῦ Χριστοῦ ἣν ἔδωκεν αὐτῷ ὁ θεὸς δεῖξαι τοῖς δούλοις αὐτοῦ ἃ δεῖ γενέσθαι ἐν τάχει, ... (Ap 1:1)	ἀποκάλυψις, ἡ = revelación ἐν τάχει = pronto
17.	Ἐὰν γὰρ ἀφῆτε τοῖς ἀνθρώποις τὰ παραπτώματα αὐτῶν, ἀφήσει καὶ ὑμῖν ὁ πατὴρ ὑμῶν ὁ οὐράνιος. (Mt 6:14)	ἀφῆτε = Aor. subj. de ἀφίημι παράπτωμα, τό = transgresión
18.	εἶπαν· οὗτος ἔφη· δύναμαι καταλῦσαι τὸν ναὸν τοῦ θεοῦ καὶ διὰ τριῶν ἡμερῶν οἰκοδομῆσαι. (Mt 26:61)	καταλύω = destruyo οἰκοδομέω = edifico
19.	ἐν τούτῳ ἐγνώκαμεν τὴν ἀγάπην, ὅτι ἐκεῖνος ὑπὲρ ἡμῶν τὴν ψυχὴν αὐτοῦ ἔθηκεν· καὶ ἡμεῖς ὀφείλομεν ὑπὲρ τῶν ἀδελφῶν τὰς ψυχὰς θεῖναι. (1Jn 3:16)	θεῖναι = Aor. act. inf. de τίθημι
20.	ἀπεκρίθη αὐτοῖς ὁ Ἰησοῦς· πολλὰ ἔργα καλὰ ἔδειξα ὑμῖν ἐκ τοῦ πατρός· διὰ ποῖον αὐτῶν ἔργον ἐμὲ λιθάζετε; (Jn 10:32)	ποῖον = ¿cuál? λιθάζω = mato por lapidación, apedreo

21.	ἐδίδασκεν γὰρ τοὺς μαθητὰς αὐτοῦ καὶ ἔλεγεν αὐτοῖς ὅτι ὁ υἱὸς τοῦ ἀνθρώπου παραδίδοται εἰς χεῖρας ἀνθρώπων, καὶ ἀποκτενοῦσιν αὐτόν, καὶ ἀποκτανθεὶς μετὰ τρεῖς ἡμέρας ἀναστήσεται. (Mr 9:31)	
22.	ἀποκρίνεται Ἰησοῦς· τὴν ψυχήν σου ὑπὲρ ἐμοῦ θήσεις; ἀμὴν ἀμὴν λέγω σοι, οὐ μὴ ἀλέκτωρ φωνήσῃ ἕως οὗ ἀρνήσῃ με τρίς. (Jn 13:38)	ἀλέκτωρ, ορος, ὁ = gallo ἀρνέομαι = niego
23.	Παραδώσει δὲ ἀδελφὸς ἀδελφὸν εἰς θάνατον καὶ πατὴρ τέκνον, καὶ ἐπαναστήσονται τέκνα ἐπὶ γονεῖς καὶ θανατώσουσιν αὐτούς. (Mt 10:21)	ἐπανίστημι = me levanto, me rebelo γονεύς, έως, ὁ = padre o madre θανατόω = hago morir, entrego a muerte
24.	Καὶ μετὰ τὰς τρεῖς ἡμέρας καὶ ἥμισυ πνεῦμα ζωῆς ἐκ τοῦ θεοῦ εἰσῆλθεν ἐν αὐτοῖς, καὶ ἔστησαν ἐπὶ τοὺς πόδας αὐτῶν, καὶ φόβος μέγας ἐπέπεσεν ἐπὶ τοὺς θεωροῦντας αὐτούς. (Ap 11:11)	ἥμισυς = medio ἐπιπίπτω = caigo sobre
25.	Πάλιν παραλαμβάνει αὐτὸν ὁ διάβολος εἰς ὄρος ὑψηλὸν λίαν καὶ δείκνυσιν αὐτῷ πάσας τὰς βασιλείας τοῦ κόσμου καὶ τὴν δόξαν αὐτῶν. (Mt 4:8)	διάβολος, ὁ = el diablo ὑψηλός, ή, όν = alto λίαν = muy, sumamente

Practique leer una historia

Traduzca la siguiente historia. Lea las notas que aparecen al final de la página para obtener ayuda adicional.

ΓΥΝΗ ΕΒΡΕΞΕΝ[3] ΤΟΥΣ ΠΟΔΑΣ Ἰησου

Ἠρώτα δέ τις αὐτὸν τῶν Φαρισαίων ἵνα φάγῃ μετ' αὐτοῦ, καὶ εἰσελθὼν εἰς τὸν οἶκον τοῦ Φαρισαίου κατεκλίθη[1]. καὶ ἰδοὺ γυνὴ ἥτις ἦν ἐν τῇ πόλει ἁμαρτωλός, ἔστη παρὰ τοὺς πόδας αὐτοῦ καὶ κλαίουσα τοῖς δάκρυσιν[2] ἤρξατο βρέχειν[3] τοὺς πόδας αὐτοῦ καὶ κατεφίλει[4] τοὺς πόδας αὐτοῦ καὶ ἤλειφεν[5] τῷ μύρῳ[6]. ἰδὼν δὲ ὁ Φαρισαῖος ὁ καλέσας αὐτὸν εἶπεν ἐν ἑαυτῷ λέγων· οὗτος εἰ ἦν προφήτης, ἐγίνωσκεν ἂν[7] ὅτι ἡ γυνὴ ἁμαρτωλός ἐστιν.

Καὶ ἀποκριθεὶς ὁ Ἰησοῦς φησίν. δύο χρεοφειλέται[8] ἦσαν δανιστῇ[9] τινι· ὁ εἷς ὤφειλεν δηνάρια[10] πεντακόσια[11], ὁ δὲ ἕτερος πεντήκοντα[12]. ἀμφοτέρους[13] δὲ ὁ δανιστὴς ἐχαρίσατο.[14] τίς οὖν αὐτῶν πλεῖον ἀγαπήσει αὐτόν; ἀποκριθεὶς Σίμων εἶπεν· ὁ εἷς ᾧ τὸ πλεῖον ἐχαρίσατο.

Ὁ δὲ τῷ Σίμωνι ἔφη· βλέπεις ταύτην τὴν γυναῖκα; εἰσῆλθόν σου εἰς τὴν οἰκίαν, ὕδωρ μοι ἐπὶ πόδας οὐκ ἔδωκας· αὕτη δὲ τοῖς δάκρυσιν ἔβρεξέν[3] μου τοὺς πόδας. φίλημά[15] μοι οὐκ ἔδωκας· αὕτη δὲ ἀφ' ἧς εἰσῆλθον πάντοτε κατεφίλει μου τοὺς πόδας. λέγω οὖν σοι, ἀφέωνται αἱ ἁμαρτίαι αὐτῆς αἱ πολλαί, ὅτι ἠγάπησεν πολύ· ᾧ δὲ ὀλίγον ἀφίεται, ὀλίγον ἀγαπᾷ. εἶπεν δὲ αὐτῇ· ἀφέωνταί σου αἱ ἁμαρτίαι. ἡ πίστις σου σέσωκέν σε· πορεύου εἰς εἰρήνην.

Notas

[1] κατακλίνω = me reclino a la mesa
[2] δάκρυον, τό = lágrima
[3] βρέχω = mojo, riego, llover
[4] καταφιλέω = beso (verbo)
[5] ἀλείφω = unjo
[6] μύρον, τό = ungüento
[7] ἐγίνωσκεν ἂν = conocería, sabría
[8] χρεοφειλέτης, ὁ = deudor

[9] δανιστής, ὁ = acreedor
[10] δηνάριον, τό = denario (salario diario)
[11] πεντακόσιοι = quinientos
[12] πεντήκοντα = cincuenta
[13] ἀμφότεροι = ambos
[14] χαρίζομαι = muestro gracia, perdono
[15] φίλημα, τό = beso

Mi traducción